언어의 이해

- 이 저서는 2018년도 가천대학교 교내연구비 지원에 의한 결과임.(GCU-2018-0707)
- This work was supported by the Gachon University research fund of 2018.(GCU-2018-0707)

언어의 이해

김진호

역락

■ 인간(人間)과 언어(言語)

우리의 논의는 "인간은 언제부터 의사소통의 수단으로 언어를 사용하였을까?", "인간의 언어와 동물의 언어의 공통점과 차이점은 무엇일까?", "인간이 과학적 연구 대상으로서 언어를 연구한 발자취는 어떠했으며, 연구 방법은 무엇일까?"에 대한 답을 찾는 것으로 시작한다.

■ 언어(言語)와 형식(形式)

인간의 언어활동은 표현과 이해로 구분된다. 인간은 공동체에서 맡은 바 역할을 하고 조화로운 삶을 위해서 슬기로운 언어생활을 해야 한다. 이를 위해서 언어의 형식, 즉 음성과 음운 체계를 정확히 이해해야 한다.

■ 언어(言語)와 규칙(規則)

인간의 언어활동이 원활하기 위해서는 동일 언어를 사용하는 언중 사이의 언어적 약속이 필요하다. 작게는 단어 단위에서부터 크게는 문장 단위에까지의 규칙과 질서, 즉 단어와 문장의 구성 요소와 형성의 원리를 정확히 이해해야 한다.

■ 언어(言語)와 내용(內容)

언어의 형식은 규칙에 맞는 적절한 내용을 담고 있어야 한다. 우리가 언어로 의사소통을 하는 궁극의 목적이 바로 이 내용의 이해에 있기 때문이다. 따라서 언어의 의미 체계를 정확히 이해해야 한다.

■ 언어(言語)와 응용(應用)

언어의 이해와 탐구는 우리의 언어생활은 물론 인간의 타 학문 영역에도 영향을 주고받고 있다. 언어는 민족, 문화, 사회, 심리, 교육 등 다양한 분야와 관계를 맺고 발전하고 있다.

2019. 7. 15. 김 진 호

차례

언어(1) : 정의, 기능, 특징

1. 탐구 대상(언어)의 이해

1. 각자 아래에 '언어'의 뇌구조를 완성하자. 4~5명이 한 조를 구성한 후, 서로의 뇌구조를 설명해보자.

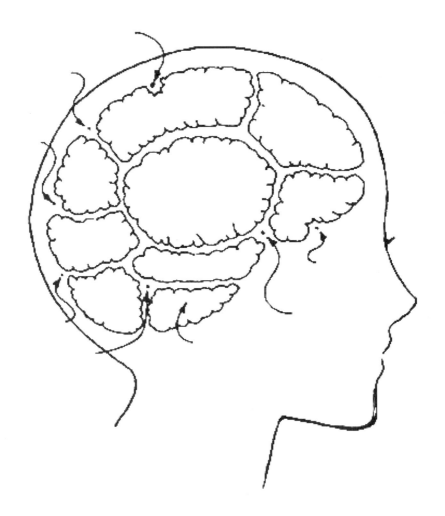

2. 조원의 뇌구조 그림에서 빈도수가 높은 것은 무엇인가? 자신이 생각하지 못했던 언어의 항목에는 어떤 것이 있는지 살펴보자.

3. 언어가 지니는 개별적 특성을 지나치게 강조한 나머지 다음과 같은 잘못된 주장을 펼치기도 한다. 이러한 주장의 문제점을 논리적으로 비판해보자.

① 언어의 공통성은 민족 단위를 구분하는 결정적 요인이며, 민족의 기원을 밝히는 중요한 지표이다. 따라서 언어와 민족은 절대적 관계에 있다.

② 언어를 배제하고 문화를 이해할 수 없으며 문화를 배제하고 언어를 이해하는 것은 불가능한 일이다. 따라서 언어와 문화는 절대적 관계에 있다.

③ 언어는 인간의 사고를 지배한다. 즉 언어가 다르면 그들의 사고(무지개 색깔에 대한 인식)도 달라진다. 따라서 언어와 사고는 절대적 관계에 있다.

3-1. 언어가 인간의 사고를 지배한다.

- 무지개 색깔
  1. 과학적 관찰에 의한 무지개 색깔은 몇 가지일까?
  2. 한국인과 다른 나라 사람들은 무지개 색깔을 몇 가지로 인식할까?
  3. 질문 1, 2의 대답으로 알 수 있는 언어와 사고의 관계는 어떠한가?

- 언어의 '분절성'
  1. 언어의 '분절성'은 무엇인가?
  2. 언어의 '분절성'은 우리의 사고에 어떠한 영향을 끼치는가?

- 한국어 : 하늘(산)이 푸르다 → 영어 : Sky(Mountain) is blue/green

3-2. 사고가 인간의 언어를 지배한다.

- 단어의 형성
  1. '이리저리, 여기저기, 국내외'라는 단어와 달리 '저리이리, 저기여기, 국외내'라는 단어는 존재하지 않는다. 그 이유는 무엇일까?
  2. 질문 1의 대답으로 알 수 있는 언어와 사고의 관계는 어떠한가?

- 어순의 차이
  1. 경기도 성남시 수정구 성남대로 1342
     1342 SeongnamDaero, Sujeong-Gu, Seongnam-Si, Gyeonggi-Do, Korea
  2. 1의 한국어와 영어 표현의 차이는 어디에 기인한다고 볼 수 있는가?

- 한국어 : 더 마실래? → 영어 : More tea?

13

3-3. 언어와 사고에 대한 여러 관점

언어와 사고의 관계를 언급하는 학자들은 이 둘의 사이가 불가분의 관계에 있다는 것을 모두 인정하고 있다. 다만 언어와 사고를 동일한 것으로 보느냐 상이한 것으로 보느냐는 시각 차이가 나타난다. 그리고 후자는 다시 언어가 사고에 영향을 끼친다는 견해와 사고가 언어에 영향을 끼친다는 견해로 나뉜다. 언어와 사고는 어느한쪽이 다른 한쪽을 지배하는 관계로 설명하기 어렵다. 곧, 서로 영향을 주고받는 상호보완의 관계이다(김진호, 2018 : 135~137).

① 동일설(同一說)

> 왓슨(J. B. Watson)과 같은 행동주의 심리학자들은 언어와 사고가 동일하다고 주장한다. '사고'를 마음속의 언어로 본다.

② 상이설(相異說)

> "언어와 사고는 다르다. 곧 상호 독립적인 것으로 취급한다. 우리가 생각을 하고 말을 표현할 때 잘못 말했을 경우, 말하려고 했던 것이 그게 아닌 것을 깨닫고 다시 말한다. 이때 '말하고자 했던 어떤 것'이 존재한다는 것은 언어와 사고가 엄연히 떨어져서 존재함을 의미한다. 반대로 생각하지도 않은 말은 무의식중에 입 밖으로 내뱉는 경우가 있다. 이때 '생각 없는 말'의 존재 역시 언어와 사고가 따로 존재함을 의미한다"(전정례, 1999 : 92-93).

②-1. 사고 우위설

> 피아제(J. Piajet), 스타인버그(D. D. Steinberg) 등은 사고가 언어에 선행한다고 주장한다. 언어 없이도 사고가 가능하다는 전통적 견해이다.
>
> • 아동 : 말을 배우기 전에도 사고를 할 수 있다.

- 언어장애인 : 말은 할 수 없어도 이해하는 사고 능력은 있다.
- 동일 언어 사용자 : 개념에 대한 다양한 사고방식이 존재한다.
- 다른 언어 사용자 : 동일한 개념어에 대한 사고방식은 동일하다.

②-2. 언어 우위설

사피어-워프(Sapir-Whorf)는 언어가 사고에 선행한다고 주장한다. 언어가 우리의 행동과 사고방식을 결정, 주도한다는 '언어 상대성 이론'을 내세웠다.

- Sapir : "인간은 보통 생각하듯이 객관적인 세계에 살고 있는 것이 아니고, 언어를 매개로 해서 살고 있는 것이다. 언어는 단순히 표현의 수단이 아니다. 실세계라고 하는 것은 언어 습관의 기초 위에 세워져 있다. 우리는 언어가 노출시키고 분절시켜 놓은 세계를 보고 듣고 경험하는 것이다."
- Whorf : "언어는 우리의 행동과 사고(思考)의 양식을 주조(鑄造)한다."

②-3. 상호 의존설

비고츠키(L. S. Vygotsky)는 언어와 사고가 상호 의존적이라고 주장한다. 언어와 사고 능력은 유아기에 평행적으로 발달하다가 점차 사고와 언어 능력이 합쳐져 사고는 언어로 표현되고 언어는 사고에 의해 논리적이 된다. 사고 없는 언어를 생각할 수 없고 언어 없는 사고는 불완전하다는 점에서 인간은 언어를 통해 사고를 확장하고 사고의 확장을 통해 언어의 세계를 확대 변화시키는 것으로 볼 수 있다.

Benjamin, L. W.,
*LANGUAGE, THOUGHT,
AND REALITY*, 신현정 역,
나남, 2010.

Vygotsky, L. S.,
*THOUGHT AND
LANGUAGE*, 윤초이 역,
교육과학사, 2011.

15

2. 언어의 정의

언어는 인간만이 가진 의사소통의 수단이다. 우리는 생각과 느낌 등을 말과 글로 표현하며 사회생활을 하는데, '말'을 음성 언어라 하며, '글'을 문자 언어라 한다.(음성 언어를 '1차적 언어', 문자 언어를 '2차적 언어'라 한다.)

---

1 누가 언어를 사용하는가? 언어 사용의 주체는 누구인가?

2 우리는 언제, 어디에서, 왜 언어를 사용하는가?

3 우리는 언어를 어떻게 사용하는가?

인간은 여러 가지 수단으로 의사소통을 한다. 말과 글뿐만 아니라 몸짓과 손짓, 표정(이모티콘), 그림 등 다양한 도구를 사용하고 있다. 몸짓 언어(body language), 수화(手話) 언어(손짓 언어) 등의 명칭이 익숙한 것도 그러한 이유이다. 그러나 몸짓, 손짓 등의 비언어적 표현을 '광의(廣義)의 언어'라 하는 반면, 사람의 발음 기관을 통해 나오는 음성 언어와 음성 언어의 시·공간적 제약을 보완하기 위해 만든 문자 언어를 '협의(狹義)의 언어'라 한다.

언어(言語)
[명사] 생각, 느낌 따위를 나타내거나 전달하는 데에 쓰는 □□, □□ 따위의 수단. 또는 그 □□이나 □□ 따위의 사회 관습적인 체계.

16

3. 언어의 기능

인간의 활동과 일상생활에서 중심적 역할을 하는 언어는 의사소통의 수단이다. 소통의 구체적인 목적은 대화 상황에 따라 다양하다. **1**~**5**의 대화 상황은 언어의 다른 목적과 의도를 실현하고 있다.

우리가 언어를 사용하는 목적과 의도는 무엇일까?

1 (학생의 질문에) "언어는 사회 관습적인 체계입니다."

— 언어의 □□□ 기능

2 (흡연 금지 구역의 흡연자에게) "담배 좀 꺼 주세요."

— 언어의 □□□ 기능

3 (처음 만난 사람에게) "오늘 날씨가 정말 좋아요."

— 언어의 □□□ 기능

4 (수업 만족도 평가에서) "교수님 강의 최고였습니다."

— 언어의 □□□ 기능

5 (문학 작품 등에서) "내 마음은 호수요."

— 언어의 □□ 기능

1은 학생의 질문에 적절한 정보(지식)를 주고 있다. 언어의 가장 기본적인 기능으로, '주제'의 의미를 드러내는 경우이다. **2**는 청자의 행동이나 태도에 영향을 미

치도록 하여, 상대방에게 화자가 원하는 목적을 달성하는 기능이다. ❸은 처음 만난 사람과의 친밀한 인간관계를 형성하기 위한 기능이다. 언어의 정보 전달보다는 대화 자체에 의미가 있는 기능이다. ❹는 화자의 감정이나 태도를 나타내며, 주로 감탄, 희로애락, 욕설 등으로 실현된다. ❺는 독자의 정서를 자극하거나 언어의 아름다움을 표현하기 위한 기능이다.

알/아/보/기

> ※ 언어의 기능을 다섯 가지로 나누어 보았다. 오늘 하루 자신의 언어생활 중에서 다섯 가지 언어의 기능이 실현된 사례를 살펴보기로 하자.

1. 정보적 기능

2. 명령적 기능

3. 친교적 기능

4. 표현적 기능

5. 미 적 기능

4. 언어의 특징

언어는 의사소통의 수단이기에, 동물에게도 언어가 존재한다. 그러나 이는 비유적 표현일 뿐이다. 인간의 언어는 동물의 언어와 다른 특징을 지니고 있다.

1. 언어의 기호(記號)성

> Q1. 언어는 자연적 기호인가 인위적 기호인가?
>
> Q2. 한국어의 기호는 무엇인가? 다른 언어의 기호는 무엇인가?
>
> Q3. 한국어 "나는 너를 사랑해."를 다른 언어의 기호로 표현해 보자.

2. 언어의 자의(恣意)성

> Q1. 기호=형식+내용. 언어 기호의 형식은 □□, 내용은 □□이다.
>
> Q2. 언어의 음성과 의미는 필연적일까? 'ㅅ'을 모든 언어에서 'saraːm'이라 부를까?
>
> Q3. [사람 : saraːm]을 영어, 일본어, 중국어에서는 어떻게 부르는가?

3. 언어의 사회(社會)성

Q1. '언어'='사회 관습적인 체계'라는 사전적 정의에 대해 생각해 보자.

Q2. 만약, 'ㅅ'을 [saraːm] 대신 [kong]으로 불러, "공이 밥을 먹는다."고 하면 다른 사람과 소통이 잘 될까?

Q3. 요즘 '나시' 대신 '민소매 옷'이 널리 사용되는 이유는 무엇인가?

4. 언어의 역사(歷史)성

Q1. 시간의 흐름에 따라 언어의 모습은 어떻게 될까?

Q2. 새롭게 만들어진 말(신조어)이나 사라진 말(사어)을 찾아보자.

Q3. 15C의 '얼굴', '미인', '어엿브다'의 의미는 오늘날 어떻게 변하였는가?

5. 언어의 창조(創造)성

Q1. 한국어의 기호(자음과 모음)는 모두 몇 개일까? 그것으로 표현하지 못하는 것이 있을까?

Q2. 〈표준국어대사전〉의 수록 어휘는 약 50만 개이다. 우리는 이 중 극히 일부의 어휘만으로도 충분한 언어생활을 하고 있다.

Q3. '초보운전'임을 알리는 표현에는 무엇이 있나? 이렇게 다양하게 표현할 수 있는 이유는?

6. 언어의 규칙(規則)성

Q1. 다음의 대화가 자연스럽지 않은 이유는 무엇인가?

> A : "철수야, 어제 뭐 했니?" B : "어제, 집에서 공부할 거야."

Q2. "꽃에게 물을 주었다."와 "친구에게 선물을 주었다."에서 올바른 표현은 무엇인가? 그 이유는?

Q3. Q1과 Q2에서 알 수 있는 한국어의 규칙은 무엇인가?

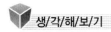

■ [사이언스&컬처] "영화 혹성탈출과 동물의 언어능력", 2014-07-25.

언어(2) : 연구사, 연구 대상 및 방법

1. 언어의 기원

인간이 의사소통의 수단으로서 언어를 사용한 시기는 언제부터일까?

현재 우리는 인간이 언어를 사용한 시기를 알 수 있는 객관적 자료를 갖고 있지 않다. 그러나 인간과 언어를 분리하여 생각할 수 없다면, 인간과 언어의 기원은 동일하다고 추론할 수 있다.

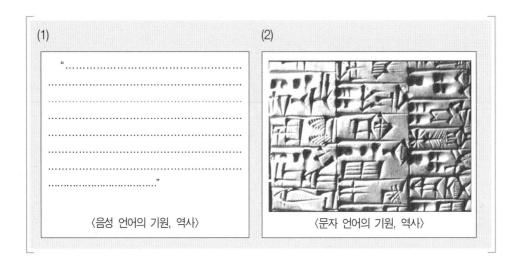

(1)

"..
....
....
....
....
....
.........................."

〈음성 언어의 기원, 역사〉

(2)

〈문자 언어의 기원, 역사〉

언어의 기원에 대한 본격적인 탐구에 앞서 (1)의 음성 언어와 (2)의 문자 언어의 출현 시기를 살펴보기로 하자. 모두 시간을 거슬러 올라가는 문제라 그리 간단치 않다. 그러나 문자 언어의 역사보다 음성 언어의 역사가 훨씬 앞선다는 것은 분명한 사실이다. 인간이 음성 언어의 보조적 수단으로 발명한 것이 바로 문자 언어이기 때문이다. 문자가 발명된 최초의 시기는 기원전 4000년경이다.

1 언어의 기원에 대한 관심

인간의 학명 중, '호모 로퀜스'(Homo loquens)가 있다. '언어적 인간'이라는 뜻으로, 존재로서의 인간과 언어가 분리될 수 없다는 것이다. 인간의 생활영역이 언어를 매개로 구축되기 때문이다. 따라서 인간 문화를 탐구하기 위한 일차적 대상이 언어였으며, 그 기원을 밝히는 것이 철학자와 언어학자의 과제였다.

- "언어의 본질 기원에 관한 철학적 의문은 존재의 본질, 및 기원에 관한 의문과 같이 오래다."
  — Cassirer
- "언어학상 이 문제만큼 여러 학자에 의하여 광범위하게 논술된 것은 없다."
  — Whitney
- "언어의 기원 즉, 언어진화의 본원은 언젠가는 해결되어야 한다."
  — Jespersen

카시러, 휘트니, 예스페르센 등 언어학자들의 언급을 통해 '언어의 기원'에 대한 탐구가 언어 연구의 중요 과제 중 하나였음을 알 수 있다.

2 언어의 기원에 대한 가설

오래전 철학적 의문으로서의 언어 기원을 존재의 본질 및 기원과 연결시킨 고대 철학자들은 아래와 같은 구약성경의 내용에 주목하게 된다.

- "태초에 언어가 있고, 이 언어는 신과 더불어 존재한다."
- "신이 천지의 자연현상에 이름을 붙여 주었으니 빛을 낮(Jom), 어두움을 밤(Lajil), 하늘을 천(SamaJim), 마른 땅을 지(Eres), 많은 물을 바다(Jammim)라고 하였다."
- 'The Tower of Babel'의 이야기

고대인들은 언어가 신의 주관 아래 창조되었다는 '자연설'(선물설)을 주장해 왔다. 이는 종교 중심의 관점에서, 신이 인간에게 내려준 태초의 언어(원어)가 존재하였고, 이로부터 오늘날의 다양한 언어들이 분화되었다는 것이다.

이와 달리 인간 중심의 관점에서, 인간이 정신 심리 작용, 추상 작용, 지적 활동의 산물로서의 언어를 발명하였다는 주장이다. 이를 '인위설'(발명설)이라 하는데, 언어 사용이 필요한 다양한 주장이 있어 왔다.

- 인간의 감정을 표현하기 위해 언어를 발명하였다.(pooh-pooh theory)
- 어렵고 힘든 일을 협력하기 위해 언어를 발명하였다.(yo-he-ho theory)
- 자연 현상에서 일어나는 소리를 모방하기 위해 언어를 발명하였다.(bow-wow theory)
- 모든 사물에는 고유한 소리가 있는데, 그 고유한 소리를 표현하기 위해 언어를 발명하였다.(ding-dong theory)

3 언어 기원의 본질

언어의 기원에 대한 '자연설'과 '인위설'은 주장을 뒷받침할 수 있는 실증적이고 과학적인 근거를 제시할 수 없었다. 단지 언어의 기원 문제가 언어 연구의 한 영역으로서 관심의 대상이었음을 말해주는 것이다.

그러나 19C를 전후하여 자연과학적인 진화론이 전개되면서 학계의 관심이 인간의 진화 과정에 집중되었다. 그 과정에서 언어의 기원(발생) 문제가 다시 주목을 받으면서 언어의 기원에 대한 다음의 새로운 주장이 가능하게 되었다.

❶ 현대인과 같이 다양한 소리를 생산할 수 있는 음성 기관
❷ 언어 생산과 수용 과정에서의 의미 습득이 가능한 두뇌

진화론적 관점에서 언어의 기원은 인류의 기원과 맞물려 있다. 유인원에서 한 단계 더 진화한 인간만이 언어를 구사하기 때문이다. 그렇다면 ❶과 ❷를 갖게 된 진화의 시기가 곧 언어의 기원이자, 인류가 출현한 시기라고 할 수 있다.

인류의 변천사에서 최초의 인류는 300만~500만 년 전에 출현한 오스트랄로피테쿠스이다. 그 뒤를 약 200만 년~40만 년 전의 호모 에렉투스와 40만 년~4만 년 전의 호모 사피엔스(네안데르탈인)가 따른다. 그리고 현생 인류의 직접적인 조상인 호모 사피엔스 사피엔스(크로마뇽인)가 약 4만 년 전에 출현한다. 현대인처럼 정확하고 다양한 소리를 산출하는 음성 기관을 지닌 것이 크로마뇽인이다.

언어 사용은 두뇌와 밀접한 관련을 맺고 있다. 실제 두뇌에는 언어를 저장, 이해하고 표현하는 여러 영역이 있다.(언어 표현을 담당하는 부분이 '브로카 영역', 언어 이해를 담당하는 부분이 '베르니케 영역'이다.)

이 영역들이 정보를 교환할 수 있어야 의사소통을 할 수 있다. 인간의 진화 과정에서 현대인과 유사한 두뇌 용량을 지닌 것이 크로마뇽인이다. 실제로 오스트랄로피테쿠스와 크로마뇽인과의 두뇌 용량은 약 3배의 차이가 난다.

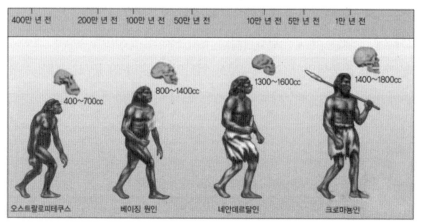

400만 년 전 200만 년 전 100만 년 전 50만 년 전 10만 년 전 5만 년 전 1만 년 전

400~700cc 800~1400cc 1300~1600cc 1400~1800cc

오스트랄로피테쿠스 베이징 원인 네안데르탈인 크로마뇽인

http://terms.naver.com/entry.nhn?docId=1624812&cid=47307&categoryId=47307

지금까지 언어의 기원을 밝히려는 여러 시도들이 있어 왔다. 자연설과 인위설은 과학적 근거를 찾기 어렵고, 진화 과정으로 설명하는 것 또한 언어학적 영역을 벗어나는 것이다. 이러한 현실을 고려하여 언어학자 팔머와 방드리 그리고 프랑스 언어학회는 다음과 같이 주장, 결정하였다.

- "언어의 기원에 관하여 상상을 많이 꾀하는 것은, 결코 우리들이 의미하는 언어과학의 긴요한 부분이 아니다. (…중략…) 언어학이 흥미를 지니고 연구하는 본원의 대상은 문자에 기록된 구체적 언어 및 이 자신이 현재에 나타나 눈과 귀로 연구할 수 있는 언어적 행동이다."

  — Palmer

- "언어의 기원이라고 하는 문제는 실은 언어학상의 문제는 아니다. 이 근본적 진리를 무시하고 각 국어의 기원을 밝힘으로써 일반 언어의 기원을 밝히려고 하는 데 종래의 학자의 과오가 있다."

  — Vendryes

- "본회는 언어의 기원에 관한 어떠한 논문 발표도 채택하지 않는다."

  — 프랑스 언어학회 회칙 제2조

2. 언어 연구의 흐름

언어학(linguistics)은 '언어'를 연구하는 인문 과학이다. 언어의 기원에 대한 주장
을 살피면서 인간이 언어에 대해 관심을 가지게 된 것이 아득한 옛날부터였음을 알
았다. 그러나 과학으로서 언어학은 19C 무렵, 비교 언어학의 탄생으로 시작되었다.
19C를 기준으로 아래와 같은 언어학의 역사적 발자취를 살펴보기로 한다.

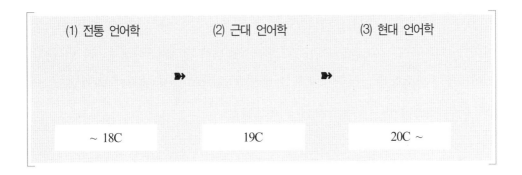

(1) 전통 언어학   (2) 근대 언어학   (3) 현대 언어학

~ 18C   19C   20C ~

1 전통 언어학

전통주의 언어학 시기는 언어가 기원한 이후부터 18C까지를 가리킨다. 고대 인도
인과 유대인들은 종교적 관점에서, 그리스인들은 철학적 관점에서 언어 연구에 관
심을 가졌다.

고대 인도인은 경전인 베다를 정확하게 암송하여 보존하고 전승하는 것이 의무였
다. 이로 인해 베다어에 대한 연구가 필요했고, 기원전 4C경 파니니(Panini)가 베다
어인 산스크리트(Sanskrit)를 8장, 약 4000개의 간결한 규칙으로 기술한 '파니니 문

법'을 완성하게 되었다.(파니니 문법의 음성 및 문법 구조에 대한 정교한 분석이 19C 비교 언어학을 탄생시키는 결정적 역할을 한다.)

고대 그리스인은 철학적 사변에 바탕을 두고 말소리와 사물(개념)의 관계가 어떠한가에 관심을 두었다. 소크라테스와 플라톤은 이들의 관계가 필연적이라는 '자연론'을 주장하고, 아리스토텔레스는 사회적 관습에 의한다는 '관습론'을 주장하였다.

플라톤(명사, 동사)과 아리스토텔레스(명사, 동사, 접속사, 관사)의 언어에 대한 관심은 품사 분류로 나타났으며, 기원전 2C 경 트락스(Thrax) 문법의 8품사 분류에 크게 공헌하였다.(명사, 동사, 분사, 관사, 대명사, 전치사, 부사, 접속사로 분류한 트락스의 8품사 체계는 오늘날 유럽어 문법의 전통이 되었다.)

그리스, 로마 시대를 거쳐 18C 르네상스 시대까지 지나면서 기존의 언어 연구에서 크게 달라진 점은 없었다. 다만 15C의 중세 시대에는 기독교의 포교를 위한 라틴어의 연구가 관심을 받았고, 17~18C에는 데카르트의 철학적·이성주의적 언어관과 베이컨의 경험주의적 언어관이 조류를 형성하였다.(데카르트와 베이컨은 세계 각 언어의 차이에도 불구하고 모든 언어에 공통되는 '보편문법'을 구상하였다.)

2 근대 언어학

근대 언어학의 시기는 19C이다. 영국의 동양학자인 윌리엄 존스(William Jones)가 1786년에 인도의 산스크리트어가 그리스어, 라틴어 등과 같은 유럽의 고전어와 유사하다는 것을 발견하면서 근대 언어학의 시기가 열렸다.

	Latin	Greek	Sanskrit
부(father)	pater	pater	pitar
모(mother)	mater	meter	mator
입(mouth)	mus	mus	mus
3(three)	tres	treis	trayas

그는 음성, 어휘, 문법 구조에서의 유사성을 찾아 이들 언어들이 과거 어느 시기에 하나의 언어였다가 현재의 언어로 분화되었을 것이라고 주장하였다. 특히 언어들 사이의 유사성을 발견하는 과정에서 그가 비교 연구 방법론을 적용하여 과학으로서의 언어학을 출발시켰다는 점에 의의가 크다.

이 후, 19C에 접어들어 야코프 그림(Jacop Grimm), 라스무스 크리스티안 라스크(Rasmus Kristican Rask), 프란츠 보프(Franz Bopp), 아우구스트 슐라이허(August Schleicher), 헤르만 파울(Herman Paul), 빌헬름 폰 훔볼트(Wilhelm von Humboldt) 등이 언어의 계통과 역사를 체계적으로 연구하면서 '비교 언어학' 또는 '역사 언어학' 시대의 전성기를 맞게 되었다.(유사한 언어의 친족 관계를 밝히기 위해서 종교적, 철학적 주장이 아닌 과학적 연구 방법에 따라야 한다. 이런 이유에서 이 시기의 언어학을 과학으로서의 언어학이라 한다.)

3 현대 언어학

현대 언어학의 시기는 20C 초부터 현재까지이다. 20C 초는 언어학의 연구 대상이 언어 변화에서 언어 구조로 옮겨진 시기라는 점에 의의가 있다. 언어의 계통과 역사를 연구했던 19C와 달리 20C 초는 구체적인 언어 사실 속에서 언어의 구조 내지 체계를 연구하게 되었다. 이를 '구조주의 언어학'이라 한다.

1. 소쉬르의 구조주의 언어학(유럽)

구조주의 언어학은 스위스의 언어학자 소쉬르(Saussure)에 의해 비롯되었다. 그의 언어학은 제자들에 의해 출간된 『일반 언어학 강의』(1916년)에 구체화되어 있다.

저서는 언어학의 기본 개념 및 언어 연구의 근본 원리를 담고 있는데, 그 내용의 본질은 언어가 여러 구성 요소들로 잘 짜여있는 구조이기에 체계로서 연구되어야

한다는 것이다.(소쉬르는 언어활동을 '사회적 측면'(랑그)과 '개인적 측면'(빠롤)으로 구별했다. '랑그'(langue)는 동일한 언어를 사용하는 언중들이 지니는 사회적, 추상적 성격의 언어활동을 의미하고, '빠롤'(pqrole)은 개인적, 구체적인 언어활동을 의미한다. 한국인끼리 의사소통이 가능한 것은 한국어에 대한 '랑그'가 같기 때문이다.)

2. 블룸필드의 구조주의 언어학(미국)

미국의 구조주의 언어학은 아메리카 인디언의 문화(언어)를 연구하면서 생겨났다. 사피어(Edward Sapir)가 인디언 언어의 구조 유형을 연구한 논문이 1925년에 발표되면서 구조주의 언어학이 시작되어, 블룸필드에 의해 확립되었다.

블룸필드는 1933년 『언어』(*Language*)란 저술을 통해 미국 구조주의 언어학 발전에 큰 영향을 끼쳤으며, 이로 인해 1930~1940년대 구조주의 언어학의 전성기를 맞이하게 되었다.(문자로 가록된 문헌 자료가 없는 인디언어의 연구는 관찰, 수집한 언어 자료를 분석하여 언어의 구조를 기술하는 것이었다. 따라서 미국의 구조주의 언어학을 달리 '기술 언어학'이라고도 한다.)

3. 촘스키의 변형 생성 문법 이론

변형 생성 문법은 촘스키(Chomsky)가 『통사구조』(*Syntactic Structure*, 1957)에서 전개한 이론이다. 그는 기술 언어학의 객관성과 명시성을 수용하였지만 기술 언어학이 지닌 근본적 한계를 극복하기 위해 변형 생성 문법 이론을 제안하였다.

기술 언어학은 (실제 회화에서의) 관찰, 수집한 언어 자료만을 대상으로 언어 구조의 여러 계층을 명시적으로 기술하는 것이 최종의 목표였다. 그러나 촘스키는 실제 회화의 언어뿐만 아니라 발화 가능한 모든 언어를 대상으로 하여, 문법적으로 옳은 문장만을 생성하는 언어 규칙(문법)을 명시적, 수학적으로 형식화하는 것이 최종의 목표였다. 더 나아가 모든 언어의 문법적 기저 원리가 같다는 언어적 보편성을 추구하였다.(촘스키는 이러한 문법적 기저 원리를 잠재적인 '언어능력'이라 하였고, 이것이 현실 언어생활에 구체화되는 것이 '언어수행'이라 하였다. 소쉬르의 '랑그'와 '빠롤'에 대비된다 할 수 있다.)

Noam chomksy, *SYNTACTIC STRUCTRTS*, 장영준 역, 알마, 2016.

알/아/보/기

※ 촘스키의 변형 생성 문법 이론은 언어의 창조성과 생득설을 중심으로 인간의 언어 습득 과정을 이해하는 데 중요한 역할을 하였다. 다음 개념의 이해를 통해 변형 생성 이론과 생득설의 관계에 대해 알아보자.

- 언어 습득 장치 Languae Acquisition Device

- 보편 문법 Universal Grammar

3. 언어학의 유형

언어학은 '언어와 관련한 여러 현상을 과학적인 방법으로 연구하는 학문'이다. 연구 대상인 언어의 범위에 따라 '일반 언어학'과 '개별 언어학'으로 대별된다.

Q1. 일반 언어학(一般言語學 : general linguistics)의 개념

Q2. 개별 언어학(個別言語學 : individual linguistics)의 개념

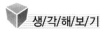 생/각/해/보/기

※ 다음의 내용으로 일반 언어학과 개별 언어학의 관계를 생각해보자.

"이상하게도 우리나라에서는, 언어학과 국어학은 다른 학문인 것처럼 착각되어 왔었다. 언어학이란 곧 서양 여러 나라말에 관한 학문이며, 그 소재나 술어는 모두 서양말로 되어 있어야 하는 것처럼 생각되어 온 것이다. (…중략…) 그러나 이러한 생각은 큰 잘못이다. 언어학은 그렇게 먼 곳에 있는 학문은 아니다. 언어학은 언어 즉 말을 연구하는 학문이며, 우리말을 연구하는 국어학은 곧 언어학인 것이다. 우리들에게 있어서는, 오히려 국어학의 굳건한 토대 위에, 일반언어학을 건설해 나가는 것이 마땅하며, 그렇게 해야만 우리나라 언어학의 든든한 발전을 기할 수 있는 것이다."

— 허웅, 『언어학개론』, 정음사, 1963.

4. 언어의 연구 대상

언어학의 연구 대상인 '인간의 언어와 관련한 여러 현상'에는 무엇이 있을까? 먼저 언어를 구성하는 요소에 대한 현상, 언어의 변화 및 변이 현상 그리고 타학문의 연구에 영향을 끼치는 현상 등을 생각할 수 있다.

1 언어 구성의 3요소

언어는 여러 구성 요소들이 결합한 구조이다. 언어의 중심 구성 요소는 '음성, 의미, 문법'이며, 이를 연구하는 학문을 '음성학, 의미론, 문법론'이라 한다.

1. 음성학(音聲學 : Phonetics)과 음운론(音韻論 : Phonology)

언어의 말소리에 대한 학문이 음성학과 음운론이다. 이들은 연구 대상과 연구 방향에서 큰 차이를 드러낸다. 음성학은 구체적인 말소리(음성)를 대상으로, 말소리가 어떻게 만들어지고 어떤 과정을 거쳐 이해되는가에 초점을 둔다. 음운론은 추상적인 말소리(음운)를 대상으로, 말소리의 기능과 체계를 밝히는 것에 초점을 둔다. 연속하는 말소리의 변화도 주요 연구 대상이다.

2. 의미론(意味論 : Semantics)

의미론은 언어의 의미와 그 구조를 연구하는 학문이다. 언어가 의사소통의 수단으로서 제 기능에 충실하기 위해서 의미에 대한 연구는 중핵적인 부분이다. 언어학의 연구 대상으로서 의미론은 어휘 의미론과 문장 의미론으로 대별할 수 있다. 최근에는 발화의 구체적 상황에 동일한 음성의 문장이 다양한 의미 구조를 갖는 현상을 연구하는 '화용론'(話用論 : pragmatics)에 관심이 집중되고 있다.

3. 문법론(文法論 : Grammar)

문법론은 언어 현상의 규칙을 연구하는 학문으로 연구 대상의 범위에 따라 형태론과 통사론으로 나누어진다. 형태론(形態論 : morphology)은 단어를 구성하는 형태소에 대한 연구를 포함하여 단어의 품사 분류와 단어 형성의 원리를 연구한다. 통사론(統辭論 : syntax)은 문장을 구성하는 성분에 대한 연구를 포함하여 문장 형성의 원리 그리고 다양한 문법 범주의 규칙을 연구한다.

2 언어의 변화, 변이, 표기

언어를 구성하는 핵심 영역은 아니지만 언어의 변화와 변이 그리고 언어 표기 또한 언어학의 중요한 연구 대상이다. 언어의 변화에 초점을 두는 언어학 분야를 계통론, 언어의 변이에 초점을 두는 언어학을 방언론이라 한다. 그리고 언어 표기를 위한 도구로서의 문자에 대한 학문을 문자론이라 한다.(언어 변화를 연구하는 언어학은 '역사 언어학'과 '비교 언어학'으로 구분하며, 계통론은 비교 언어학에 속한다.)

계통론(系統論 : systematics)은 음운, 어휘, 문법 등의 언어 구조를 비교하여 친족 관계에 있는 언어들의 사적 변천 과정을 연구한다. 방언론(方言論 : dialectology)은 지역적 차이에 따라 나타나는 언어 현상뿐만 아니라 계층, 세대, 남녀와 같은 사회적 차이에 따라 나타나는 언어 현상을 연구한다. 문자론(文字論 : graphonomy)은 인간이 1차적 언어 형식인 음성의 여러 단점을 보완하기 위해 발명한 문자의 기원, 발전 과정, 기능을 연구한다.

3 언어학과 타학문의 융합

언어는 언어학의 연구 대상일 뿐만 아니라 다른 학문의 연구 대상이 되기도 한다. 철학, 인류학, 교육학, 사회학, 심리학, 문학, 공학 등에는 해당 학문의 본 영역 외 언어 또는 언어학의 지식을 활용 및 응용하는 영역이 있다.

언어 철학(言語哲學 : philosophy of language)은 언어를 철학적 사고의 대상으로 인식하는 철학의 분과 학문이다. 인류 언어학(人類

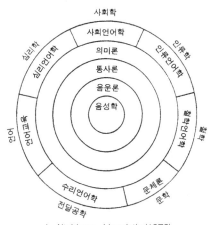

J. Aitchison, *Linguistics*(1978)

言語學 : linguistic anthropology)은 문화를 이해하기 위한 도구로서의 언어 현상을 연구하는 인류학의 분과 학문이다. 사회 언어학(社會言語學 : sociolinguistics)은 언어 행위를 사회 현상으로 보고, 그 둘의 조직적 관계를 연구하는 학문이다. 심리 언어학(心理言語學 : psycholinguistics)은 언어에 반영된 심리적 기제를 밝히려는 학문이다. 언어 교육(言語敎育 : language arts)은 표현(말하기, 쓰기)과 이해(듣기, 읽기)의 언어 기능을 교육하는 분야이며, 문체론(文體論)은 특정한 음성·단어·문장 등의 선택과 반복에 따른 효과와 그 이유를 다루는 학문이다. 마지막으로 컴퓨터 언어(computer language)는 컴퓨터가 어떤 문제를 해결하는 데 그 일의 처리 방법과 순서를 지시해 주는 언어이다.(인간의 언어를 자연 언어라 할 때, 컴퓨터 언어는 인공 언어에 해당한다.)

지금까지 다룬 학문들이 언어와 언어학의 이론적 성과를 활용하여 인간의 실생활에 다양한 도움을 준다. 이를 응용 언어학(應用言語學 : applied linguistics)이라 하여, 이론 언어학(理論言語學 : theoretical linguistics)과 구별하기도 한다.(이론 언어학은 언어학의 기본 이론을 다루는 것으로 '일반 언어학'이라고도 한다.)

37

5. 언어의 연구 방법

언어의 연구 방법인 '과학적'이란 무엇일까? 언어학을 포함하는 대부분의 학문은 귀납법과 연역법의 과학적 탐구 방법을 따르고 있다. 행태주의 이론의 시기에는 귀납적 방법, 이성주의 이론의 시기에는 연역적 방법이 주를 이루었다.(행태주의 이론은 미국의 '기술 언어학'과, 이성주의 이론은 '변형 생성 이론'과 연결된다.)

 알/아/보/기

> ※ 언어 연구에서의 과학적 연구 방법이 어떻게 적용되는지 알아보기로 하자.

● 귀납법적 탐구 방법
 −한국어의 구조를 밝히기 위해 수집한 언어 자료이다. 밑줄 친 부분의 언어 규칙(A)을 만들어 보자.

[언어 자료]	[언어 규칙]
✦ 철수의 책이 있다. ✦ 철수가 새 옷을 입었다. ✦ 철수가 글을 빨리 쓴다.	A : _____.

● 연역법적 탐구 방법
 −한국어의 구조에 대한 규칙(A)이다. 이 규칙을 적용할 수 있는 언어 자료를 찾아 정리해 보자.

[언어 규칙]	[추가 언어 자료]
A : _____	✦ ✦ ✦

언어학은 과학적 탐구 방법의 원칙 아래, 시간 변화의 유·무에 따라 다음 두 가지 연구 방법으로 나누어진다.

1 공시적 연구 방법

공시적 연구는 언어 연구에 있어 시간의 변화를 고려하지 않은 채 특정 시기의 언어 현상에 초점을 둔다. 이 방법에 따라 연구하는 언어학을 '공시 언어학'(共時言語學 : synchronic linguistics)이라 한다. 공시 언어학의 표기 'synchronic'은 'syn- + chron'의 구성으로 볼 수 있다. 'syn-'은 '함께, 동시에'라는 의미, 'chron-'은 '때'라는 의미를 지닌다.

2 통시적 연구 방법

통시적 연구는 공시적 연구와 달리 시간의 변화에 따른 언어 현상에 초점을 둔다. 이 방법에 따르는 언어학을 '통시 언어학'(通時言語學 : diachronic linguistics)이라 한다. 통시 언어학의 표기 'diachronic'은 'dia- + chron'의 구성으로, 이때 'dia-'는 '통과하다, 가로지르다'라는 의미이다.

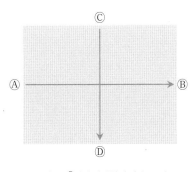

소쉬르, 『일반언어학강의』(1926)

소쉬르는 왼쪽의 그림에서 시간의 변화를 전제하지 않은 AB를 동시성, 즉 공시성의 축으로 설명하였다. 반면 시간의 변화를 전제한 CD를 계기성, 즉 통시성의 축으로 설명하였다.

공시 언어학과 통시 언어학은 연구 방법에서의 차이만 있을 뿐이고 상호보완적 관계에 있다.

언어의 형식(1) : 자음과 모음

1. 기호로서의 언어

모든 기호는 형식과 내용의 결합으로 이루어져 있다. 우리는 (나무)라는 내용을 음성 기호 [namu]와 문자 기호 'ㄴㅏㅁㅜ'의 형식으로 표현한다. 그러나 우리의 연구 대상은 인간의 언어, 그 중에서도 음성 언어를 지칭한다.

1 음성의 정의

'언어의 형식=음성'인 점은 언어의 보편적 특성이다. 모든 언어는 음성으로 소통되기 때문이다. '음성'의 사전적 정의는 다음과 같다.

> 음성(音聲)
> [명사] 사람의 □□ □□을 통해 내는 구체적이고 물리적인 소리. 발화자와 발화시에 따라 다르게 나는 소리로서 자음과 모음으로 나뉘는 성질이 있다.

 알/아/보/기

> ※ 인간의 발음 기관(음성 기관)에 대해 알아보자.
>
> - 발음하는 데 관여하는 우리 몸의 모든 부분을 '발음 기관' 내지 '음성 기관'이라 한다.
> - 말소리는 허파(肺)에서 나오는 날숨이 성문과 인두를 통과하여 구강과 비강을 거쳐 발현된다.
>
>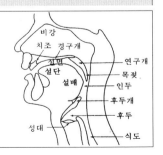

2 음성의 실제

음성은 기류가 성대를 울리는 '유성음'(有聲音 : voiced)과 그렇지 않은 '무성음'(無聲音 : voiceless)으로 실현되기도 한다. 그리고 기류가 입안을 통과하는 '구강음'(口腔音 : oral)과 코를 통과하는 '비음'(鼻音 : nasal)이 되기도 한다.

음성은 조음 위치에 따라 양순음, 치음, 구개음(입천장소리), 성문음으로 분류할 수도 있고, 조음 방법에 따라 파열음, 마찰음, 마찰음, 비음, 유음 등으로 나눌 수도 있다.

(1) 음성
- 유성음 : 모음과 ㄴ, ㄹ, ㅁ, ㅇ
- 무성음 : ㄴ, ㄹ, ㅁ, ㅇ을 제외한 자음
- 유성음 : b, d, g, m, n, ng
- 무성음 : p, t, k

(2) 음성

자음
- ①
  - 비 음 : ㄴ, ㅁ, ㅇ
  - 구두음 : 비음을 제외한 음
  - 비 음 : m, n, ng
  - 구두음 : p, t, k, b, d, g
- ②
  - 무기음 : 기식음을 동반하지 않은 소리
  - 유기음 : 기식음을 동반한 소리
- ③ 양순음, 치조음, 경구개음, 연구개음, 성문음
- ④ 파열음, 마찰음, 파찰음, 유음, 비음

모음
- ① 원순 모음, 평순 모음
- ② 고모음, 중모음, 저모음
- ③ 전설 모음, 후설 모음

43

2. 자음과 모음

음성을 분류하는 가장 보편적인 기준은 기류의 저항 유·무이다. 이에 따라 음성은 '자음'(子音 : consonant)과 '모음'(母音 : vowel)으로 나누어진다.

모든 언어가 자음과 모음을 결합하여 음절을 형성하며, 소리를 내는 위치나 방법 또한 큰 차이가 없다.

자음(子音)
[명사] 목, 입, 혀 따위의 발음 기관에 의해 구강 통로가 좁아지거나 완전히 막히는 따위의 장애를 받으며 나는 소리.

모음(母音)
[명사] 성대의 진동을 받은 소리가 목, 입, 코를 거쳐 나오면서, 그 통로가 좁아지거나 완전히 막히거나 하는 따위의 장애를 받지 않고 나는 소리.

 발/음/해/보/기

1. '바보, 마음'의 단어로 자음의 발음 특징을 이해해보자.
2. '아이, 우유'의 단어로 모음의 발음 특징을 이해해보자.

1 자음의 종류

자음은 기류가 어디에서 장애를 받는지(조음 위치) 그리고 어떻게 장애를 받는지(조음 방법)에 따라 그 종류가 나누어진다.

1. 조음 위치에 따른 자음

양순음(兩脣音 : bilabial, 입술소리)은 두 입술에서 나는 소리, 치조음(齒槽音 : alveolar, 혀끝소리)는 혀끝과 윗잇몸 사이에서 나는 소리, 경구개음(硬口蓋音 : palatal)은 혓바닥과 경구개 사이에서 나는 소리, 연구개음(軟口蓋音 : velar)은 혀의 뒷부분과 연구개에서 나는 소리, 성문음(聲門音 : glottal, 목청소리)은 목청 사이에서 나는 소리를 뜻한다.(영어도 한국어의 조음 위치와 비슷하다. 다만, 영어에는 '순치음'(f , v), '치음'(θ, ð)의 조음 위치가 추가된다. 영어의 /ʃ, ʒ, ʧ, ʤ/는 경구개 치조음으로 분류되는데 한국어의 경구개와 별 차이가 없다.)

2. 조음 방법에 따른 자음

파열음(破裂音 : plosive)은 공기를 막았다가 터뜨려서 내는 소리, 마찰음(摩擦音 : fricative)은 입 안 또는 목청 사이의 통로를 아주 좁혀 공기가 그 사이를 비집고 나오면서 마찰하여 나는 소리, 파찰음(破擦音 : affricate)은 처음에는 공기를 막았다가 천천히 열어 마찰하며 내는 소리, 비음(鼻音 : nasal)은 입 안 통로를 막고 공기를 코로 내보내면서 내는 소리, 유음(流音 : liquid)은 혀끝을 잇몸에 대었다가 떼거나, 잇몸에 댄 채 공기를 혀 옆으로 흘러 보내는 소리이다.(영어의 장애음은 유성[b, d, g, v, z, ʒ, ʤ]과 무성 [p, t, k, f, s, ʃ, ʧ]의 대립이 있지만 한국어에는 이러한 유성성의 대립이 존재하지 않는다. 반면 한국어는 평음, 경음, 격음의 대립이 나타난다.)

※ 조음 위치와 조음 방법을 기준으로 자음을 분류해보자.

양 순 음 •	• ㅎ	파열음 •	• ㅅ-ㅆ, ㅎ
치 조 음 •	• ㅈ-ㅊ-ㅉ	마찰음 •	• ㅈ-ㅊ-ㅉ
경구개음 •	• ㄱ-ㅋ-ㄲ, ㅇ	파찰음 •	• ㄹ
연구개음 •	• ㅁ, ㅂ-ㅍ-ㅃ	비 음 •	• ㄴ, ㅁ, ㅇ
성 문 음 •	• ㄴ, ㄷ-ㅌ-ㄸ, ㄹ, ㅅ-ㅆ	유 음 •	• ㄱ-ㅋ-ㄲ, ㄷ-ㅌ-ㄸ, ㅂ-ㅍ-ㅃ

알/아/보/기 — ㄹ : [r]/[l]

1. 한국어의 유음 '르'은 환경에 따라 두 가지로 발음된다. '나라'와 '달'의 '르' 발음은 무엇일까?

2. 영어 'light'의 발음은 [laɪt]이다. 이때, [l]의 발음은 한국어 '르' 발음 중 어느 것과 가까울까?

3. 영어 'right'의 발음은 [raɪt]이다. 아래 내용을 참고할 때, [r]의 발음은 한국어 '르' 발음과 어떤 차이가 있는가?

> "영어의 /r/는 접근음이다. 접근음은 그 자체로 일정한 음가를 갖지 못하고 뒤따르는 모음의 위치로 빠르게 이동하는 활음(glide)의 성격을 갖는다. 영어의 'road, mirror, sorry' 등에 나타나는 /r/는 권설음처럼 혀끝을 말아 올려 치조와 경구개 사이에 접근시켜 발음한다."
>
> ― 허용 · 김선정(2006 : 52)

 빈/칸/채/우/기

조음 방법 \ 조음 위치		양순음	치조음	경구개음	연구개음	성문음
파열음	평음					
	격음					
	경음					
파찰음	평음					
	격음					
	경음					
마찰음	평음					
	경음					
비음						
유음						

2 모음의 종류

모음은 기류가 장애를 받지 않는 소리로, 혀의 위치(앞과 뒤, 높낮이)와 입술 모양에 따라 그 종류가 나누어진다. 그런데 모음은 발음하는 도중 혀의 위치나 입술 모양이 변하지 않는 '□□□'과 변하는 '□□ □□'으로 대별된다.

※ 모음 A(ㅏ, ㅓ, ㅣ)와 B(ㅕ, ㅝ, ㅟ)에 대한 아래 질문에 답해보자.

1. 모음 A와 B의 구성의 차이점은 무엇인가?

2. 모음 A와 B를 발음해보고, 그 차이를 시각적으로 나타내보자.

🟦 알/아/보/기—한국어의 모음

1. 한국어의 모음은 21개(단모음 : 10, 이중 모음 : 11)로, 사전에 실리는 순서는 'ㅏ ㅐ ㅑ ㅒ ㅓ ㅔ ㅕ ㅖ ㅗ ㅘ ㅙ ㅚ ㅛ ㅜ ㅝ ㅞ ㅟ ㅠ ㅡ ㅢ ㅣ'이다.
2. 1의 모음을 단모음과 이중 모음으로 분류해보자.
3. 'ㅚ'와 'ㅟ'의 발음에 대해 알아보자.

1. 단모음의 체계

단모음은 혀의 앞·뒤 위치에 따라 전설 모음(前舌母音 : front vowel)과 후설 모음(後舌母音 : back vowel)으로 나뉘고, 혀의 높낮이에 따라 고모음(高母音 : high vowel), 중모음(中母音 : mid vowel), 저모음(低母音 : low vowel)으로 분화된다.

※ 다음 혀의 위치에 해당하는 모음을 연결해보자.

전설 모음・　　　　　　　・ㅡ[ɨ], ㅓ[ə], ㅏ[a], ㅜ[u], ㅗ[o]
후설 모음・　　　　　　　・ㅣ[i], ㅔ[e], ㅐ[ɛ], ㅟ[ü], ㅚ[ö]

※ 다음 혀의 높낮이에 해당하는 모음을 연결해보자.

고모음・　　　　　・ㅔ[e], ㅚ[ö], ㅓ[ə], ㅗ[o]
중모음・　　　　　・ㅣ[i], ㅟ[ü], ㅡ[ɨ], ㅜ[u]
저모음・　　　　　・ㅐ[ɛ], ㅏ[a]

　단모음은 발음할 때 입술을 둥글게 오므려 내는 모음을 '원순 모음'(圓脣母音 : rounded vowels)이라 하고, 입술을 펴서 발음하는 모음을 '평순 모음'(平脣母音 : unrounded vowels)이라 한다.

※ 다음 입술의 모양에 해당하는 모음을 연결해보자.

원순 모음・　　　・ㅟ[ü], ㅚ[ö] ㅜ[u], ㅗ[o]
평순 모음・　　　・ㅣ[i], ㅔ[e], ㅐ[ɛ], ㅡ[ɨ], ㅓ[ə], ㅏ[a]

빈/칸/채/우/기

혀의 위치　입술 모양　혀의 높낮이	□□ 모음		□□ 모음	
	□□ 모음	원순 모음	평순 모음	□□ 모음
□모음	ㅣ[i]	ㅟ[ü]	ㅡ[ɨ]	ㅜ[u]
□모음	ㅔ[e]	ㅚ[ö]	ㅓ[ə]	ㅗ[o]
□모음	ㅐ[ɛ]		ㅏ	

2. 이중 모음의 체계

이중 모음은 모음과 모음이 합쳐진 음으로, 'ㅣ+ㅓ' > /ㅕ/, 'ㅜ+ㅓ' > /ㅝ/와 같다. 처음에는 /ㅣ/와 /ㅜ/ 모음의 위치에서 발음이 시작되었다가 점차 /ㅓ/ 모음으로 발음된다.(이중 모음을 구성하는 모음은 그 성격이 다르다. 첫 모음은 단모음 /ㅣ/와 달리 짧게 발음되면서 다음 모음에 미끄러지듯 합류하는 느낌을 준다. 이러한 특성에 따라 이들을 '반모음' 또는 '활음'이라 한다. 반면 둘째 모음은 단모음 /ㅓ/와 동일하게 발음된다.)

이중 모음은 처음에 시작하는 반모음 소리의 위치에 따라 세분화된다. 즉 반모음 /ㅣ/(y)의 자리에서 시작하는 이중 모음, 반모음 /ㅗ/(또는 /ㅜ/)(w)의 자리에서 시작하는 이중 모음, /ㅡ/에서 시작해 /ㅣ/로 끝나는 이중 모음이 그것이다.(이중 모음 중, '반모음+모음'의 구조를 띠는 것을 '상향 이중 모음', '모음+반모음'의 구조를 띠는 것을 '하향 이중 모음'이라 한다. 이에 따르면 한국어의 이중 모음은 /ㅢ/를 제외하고 모두 '상향 이중 모음'이다.)

※ 다음 이중 모음의 구조를 분석해보자.

- ㅑ ㅕ ㅒ ㅖ ㅛ ㅠ : □ + (ㅏ, ㅓ, ㅐ, ㅔ, ㅗ, ㅜ)
- ㅘ ㅝ (ㅟ) ㅙ ㅞ (ㅚ) : □/□ + (ㅏ, ㅓ, ㅣ, ㅐ, ㅔ, ㅣ)
- ㅢ : ㅡ + □

※ 다음 이중 모음 'ㅢ'의 표준 발음에 대해 알아보자.

① 자음을 첫소리로 가지는 음절의 'ㅢ'는 [ㅣ]로 발음한다.
  - 정호승 시인의 시집 『나는 희망을 거절한다』
  - 의사(醫師)든 의사(義士)든 장단을 제외하고는 표준발음은 같다.

② 단어의 첫 음절 이외의 'ㅢ'는 [ㅣ]로 발음하되, [ㅣ]로 발음함도 허용한다.
  - '유의'와 '주의'는 '사항'과 띄어 써야 한다.
  - "민원인 전화 성의와 친절 다 하세요"…서울교육청 친절교육

③ 조사 '의'는 [ㅣ]로 발음하되, [ㅔ]로 발음함도 허용한다.
  - 우리의 소원은 통일
  - 내 몸값 올려주는 강의의 기술은 무엇일까?

3. 운율적 자질

언어에는 자음이나 모음 같은 음성 이외에도 모음에 얹혀서 나는 요소인 '운율적 자질'(운소, 韻素)이 있다. 소리의 장단, 고저, 강약 등이 해당한다.

1 소리의 장단

음의 장단(長短 : length)은 일정한 음의 지속되는 시간에 비례한다. 이는 의미를 명확히 밝히기 위해 어느 음절을 길게 내지는 짧게 발음하는 것으로 한국어는 이에 의한 의미 분화가 일어난다.

2 소리의 고저

음의 고저(高低 : pitch)는 성대의 진동수와 관계한다. 일정한 시간에 진동수가 많으면 높은 소리가 나고, 그 진동수가 적으면 낮은 소리가 나게 된다. 성조 언어인 중국어는 동일한 음성의 높낮이에 의해 4가지의 의미 분화가 일어난다.

3 소리의 강약

음의 강약(强弱 : loudness)은 생리적으로 호흡의 강약 및 그에 따르는 근육의 긴장도와 관련하며, 음향 물리적으로는 음파의 진폭이 크고 작음에 비례한다. 영어에서는 동일한 어휘가 강세의 위치에 따라 그 의미가 달라진다.

언어의 형식(2) : 음운론

1. 음성과 음운

음성은 사람의 발음 기관을 통해 나오는 구체적이고 물리적인 소리로, 발음하는 사람과 때에 따라 다르게 나타난다. 음성은 자음과 모음으로 분리할 수 있는 분절적 성질이 있다는 점에서 자연계의 비분절음인 '음향'(音響)과 구분되며, 변별적 기능이 없다는 점에서 '음운'(音韻)과도 구분된다.

1 음운의 정의

음성과 음운의 관계는 무엇일까? 다음 탐구 자료의 활동으로 적절한 답변을 찾아 보자.

※ **탐구자료 : 가다[kada] : 고기[kogi], 다리[tari] : 보다[poda], 바보[pabo] : 밥(pab˥)**

1. 'ㄱ, ㄷ, ㅂ'의 구체적이고 물리적인 소리는 어떻게 나타나는가?
2. 1의 구체적이고 물리적인 소리를 추상화한 언어기호는 무엇인가?
3. 아래 내용을 참조하여 음성과 음운의 관계를 설명해보자.

> "한 사람이 다른 또 한 사람에게 무엇인가를 말할 때마다, 그것은 빠롤의 행위(acte de parole)가 된다. 빠롤의 행위는 항상 구체적이다. 즉 그것은 정해진 장소에서 정해진 순간에 일어난다. 그것은 또 말을 하는 정해진 한 사람(화자)과 말을 듣는 정해진 한 사람(청자)과 이 빠롤 행위가 관계되는 정해진 사태를 전제로 한다고 하였다. 그리고 음성학은 빠롤의 소리를 연구하는 학문으로, 또 음운학은 랑그의 소리를 연구하는 학문으로 정의하고, 여기에 한 가지 사실을 더 첨가하고 있다. 즉 전자는 언어 소리의 단순한 현상학적인 연구가 되며, 반면에 음운학은 이와 같은 소리의 언어학적 기능을 연구하는 것이다."
> — Trubetzkoy(한문희 옮김), 『음운학 원론』, 민음사, 1991.

이와 같이 음성은 현실적으로 실현되는 구체적 모습으로 나타나고, 음운은 현실적, 개별적 음성을 바탕으로 그 미세한 차이를 무시하고 공통된 특징으로서의 추상성을 띠게 된다.

음성과 음운의 관계에 잇는 다음 질문은 '음운이란 무엇일까?'이다. 다음 활동으로 음운의 개념을 정의해 보자.

> ※ 다음 쌍의 언어 자료는 서로 의미가 다른 단어끼리의 묶음이다. 각 단어쌍의 구조적 차이점은 무엇인가? 그리고 의미가 다른 이유는 무엇인가?
>
> ---
>
> - 감(柿) : 밤(栗)　　· 감(柿) : 검(劍)　　· 감(柿) : 강(江)
> - pan : ban　　· sea : see
>
> (구조적 차이점) 최소 대립쌍(최소 대립어)
> (의미차이 요소) ㄱ : ㅂ / ㅏ : ㅓ / ㅁ : ㅇ / p : b / a : e

결국 음운은 말의 뜻을 구별하여 주는, 변별적(辨別的) 기능을 가진 말소리의 단위로, '음소'(音素)라고도 한다.(언어의 의미 분화 기능을 갖는 자음, 모음을 '분절 음운'이라 함에 반해 음의 장단, 고저, 강약 등을 '비분절 음운'이라 한다.)

2 음운과 이음

음운은 그것이 나타나는 환경에 따라 다른 소리로 나타난다. 한 음운에 속하는 여러 음성이 서로 구별되는 음의 특징을 지니고 있을 때 각각의 음을 '이음'(異音 : allophone)이라 한다. 음운 /ㄱ/, /ㄷ/, /ㅂ/은 다음과 같은 이음들의 총체이다.

$$/ㄱ/ : [k] - [g] - [k^\daleth]$$
$$(1) \quad /ㄷ/ : [t] - [d] - [t^\daleth]$$
$$/ㅂ/ : [p] - [b] - [p^\daleth] - [\beta]$$

음운 /ㄱ/은 놓이는 위치에 따라, 즉 어두에서는 무성음 [k](예 감기[ka : mgi]), 어중에서는 유성음 [g](예 공기[koŋgi]), 어말에서는 불파음 [kˀ](예 먹보[məkˀbo])로 실현된다. 이때, 무성음 [k]의 이음은 [g]와 [kˀ]가 되며, 유성음 [g]의 이음은 [k]와 [kˀ], 불파음 [kˀ]의 이음은 [k]와 [g]가 된다.(음운 /ㄱ/을 무성음, 유성음 또는 불파음으로 발음한다 하더라도 그에 따른 의미 변별은 일어나지 않는다.)

음운 /ㄷ/과 /ㅂ/도 어두에서는 각각 [t]와 [p], 어중에서는 [d]와 [b], 어말의 위치에서는 [tˀ]와 [pˀ]로 변이되어 나타난다. 그리고 /ㅂ/의 경우는 유성 마찰음의 [β]로도 나타난다. 따라서 무성음 [t]의 이음은 [d], [tˀ]이고, 무성은 [p]의 이음은 [b], [pˀ], [β]라 할 수 있다.

※ **한 음운의 이음(또는 변이음)들은 소리 나는 자리, 즉 분포와 관련이 있다. 그 관계에 대해 알아보자.**

1. 음운 /ㄱ, ㄷ, ㅂ/이 무성음(k, t, p), 유성음(g, d, b), 불파음(kˀ, tˀ, pˀ)으로 실현되는 위치는 어디인가?
2. 무성음과 유성음 그리고 불파음으로 소리 나는 위치가 서로 중복될까?
3. 1과 2의 답변으로 알 수 있는 이음들의 분포는 어떤 것일까?

   cf) 음운 /ㅂ/의 두 이음, 유성음(b)과 유성마찰음(β)은 같은 위치에서 의미가 분화되지 않는 '자유 변이음'이다.

---

3 음운의 자질

음운은 더 이상 쪼갤 수 없는 단위인가?

트루베츠코이 이후 야콥슨(Jakobson)·판트(Fant)·할레(Halle)·촘스키(Chomsky)는 하나의 음운이 다른 음운과 구별되는 여러 특성(자질)들로 이루어진다고 하였다. 이를 '변별적 자질'이라 한다. 변별적 자질은 양분법, 가령 [+A]나 [-A]와 같은 형식으로 표시된다. 'A'는 음성적 특성을, '+/-'는 그 음성적 특성을 지니고 있느냐 없느냐를 의미한다.

※ "언어음을 이루는 최소 단위로, 어떤 소리가 다른 소리와 다른 요소를 이른다."는 '변별적 자질'의 사전적 정의를 바탕으로 다음 질문에 답해보자.

> 1. 'ㅂ'과 'ㅍ'의 변별적 기준과 'ㅂ'과 'ㄱ'의 변별적 기준은 어떻게 다른가?
>
>
>
>
> 2. 'ㅂ'과 'ㅁ'의 변별적 기준은 무엇인가?

음운의 음성적 특징을 나타내는 주요 및 세부 자질은 다음과 같이 다양하다.

① 주요 부류 자질(主要部類資質) ― [consonantal], [vocalic], [syllabic], [sonorant]
② 조음 방식 자질(調音方式資質) ― [nasal], [continuant], [strident], [lateral]
③ 조음 위치 자질(調音位置資質) ― [anterior], [coronal]
④ 혓몸 자질(body of tongue features) ― [high], [low], [back], [round]
⑤ 부차적 자질(副次的資質) ― [voiced], [aspirated], [glottalized], [tense]
⑥ 운율적 자질(韻律的資質) ― [stress], [long], [high-toned]

2. 음운과 음절

음운과 음절은 말소리와 관련한 단위로, 의미를 지니지 않는다는 공통점이 있다. 그러나 이 둘은 각각 의미 분화의 단위와 발음의 단위라는 명확한 구분점이 존재한다. 이 둘의 관계에 대해 알아보기로 하자.

1 음절의 정의

"아! 국물이 시원하다."라는 문장에서 첫째와 둘째 음절은 무엇일까? 이 문장을 소리 나는 대로 적어 보자.

●	아 궁무리 시원하다

이 때 '아, 궁, 무, 리, 시, 원, 하, 다'처럼 한 뭉치로 발음하는 소리의 덩어리를 '음절'이라 한다. 따라서 첫 번째와 두 번째의 음절은 각각 '아'와 '궁'이다.

알/아/보/기―음운의 발음

1. 음운은 발음의 단위가 될 수 있는가?

   (1) 자음 : ㄱ, ㄴ, ㄷ, ㄹ …

   (2) 모음 : ㅏ, ㅑ, ㅓ, ㅕ…

2. 음운과 음절의 차이를 이해하고 다시 정의해보자.

2 음절의 구조

음절 형성의 핵심은 '모음'이다. 모음 없이는 발음할 수 없기에, 음절의 기본 구조는 '(자음) + 모음 + (자음)'이다. 음절의 기본 구조에서 자음과 모음의 결합 여부에 따라 다음과 같은 다양한 음절의 구조가 파생될 수 있다.

음절 용례	음절 구조 유형
• '아'	•
• '궁, 원'	•
• '무, 시, 하, 다'	•
• '안, 움, 엄, 옷'	•

※ 다음 내용을 참고할 때, 국어의 음절에 대한 설명으로 가장 적절한 것은?

'높은 꿈 깊은 뜻'을 소리 나는 대로 쓰면 [노픈 꿈 기픈 뜯]이 된다. 이때 '노, 픈, 꿈, 기, 픈, 뜯'과 같이 하나의 뭉치로 이뤄진 소리의 덩어리를 가리켜 음절이라고 한다. 국어에서 음절이 만들어지기 위해서는 반드시 모음이 필요하며, 자음은 단독으로 음절을 이룰 수 없으므로 모음의 앞이나 뒤에 연결되어야 한다. 결국 국어의 음절은 '(자음) + 모음 + (자음)'의 구조를 지니게 된다고 말할 수 있다.

① 음절은 단어의 의미와 밀접하게 관련된 문법 단위이다.
② 하나의 음절을 이루기 위해 초성은 반드시 필요한 요소다.
③ '옷이 예쁘다'란 문장에서 음절의 숫자는 모음의 숫자보다 많다.
④ 'ㅇ(자음)'과 'ㅏ(모음)'의 결합에 의해 '아'라는 음절이 만들어졌다.
⑤ 국어의 음절이 실현될 수 있는 구조를 정리해 보니 4가지 형태이다.

┃해설┃

3. 음운의 변동

형태적 표기의 '국물이'가 발음의 조건(음운의 규칙)에 따라 '궁, 무, 리'로 달라지는 현상을 '음운 변동'이라 한다. 음운의 변동 및 원리에 대해 알아보자.

1 음절의 끝소리 규칙

국어에서 음절의 끝소리가 되는 자음은 '□, □, □, □, □, □, □'의 일곱뿐이다. 나머지 자음은 이 일곱 자음 중의 하나로 변하게 된다. 따라서 [낟], [빋]의 원 형태를 알 수 없다.('낫, 낮, 낯'의 다른 표기가 음절 받침에서는 모두 'ㄷ'으로 발음[낟]되어 변별 기능을 잃는 현상을 '중화'(中和)라 한다.)

겹받침도 하나만 발음하는데, 'ㄳ, ㄵ, ㄽ, ㄾ, ㅄ'은 첫째 자음이 남고, 'ㄻ, ㄿ'은 둘째 자음이 남는다. 반면, 'ㄺ, ㄼ'의 발음은 불규칙적이다.

> ※ 겹받침 'ㄺ, ㄼ'의 발음과 관련한 규칙에 대해 탐구해 보자.
>
> 1. 'ㄺ, ㄼ'의 대표 발음
>   (1) 흙 [　　], 닭 [　　]
>   (2) 여덟 [　　], 넓다 [　　]
> 2. 'ㄺ, ㄼ'의 예외 발음
>   (1) 맑(읽)지 [　　] ↔ 맑(읽)고 [　　], 늙고 　　[　　], 늙거나 　　[　　]
>   (2) 넓다 [　　] ↔ 밟다 　　[　　], 넓-죽하다 [　　], 넓-둥글다 [　　]

자음 받침의 형태소는 다음 음절의 형태소 종류에 따라 발음이 달라진다.

①연음 규칙
　자음의 형태소 + 모음의 <u>형식 형태소</u> 예 옷이[　　], 값이[　　]

②끝소리 규칙 → 연음 규칙
　자음의 형태소 + 모음의 <u>실질 형태소</u> 예 옷안[　　], 값없다[　　]

알/아/보/기─원칙 및 허용 발음

1. '맛있다'와 '맛없다'를 각자 발음해보자.

2. '있다', '없다'가 실질 형태소임을 인지하고 위의 규칙을 적용하여 발음해보자.

3. 1과 2의 발음에 대한 현행 규정은 어떠한가?

2 음운 동화 – 자음/모음

음운 변동에서 '동화'(同化)란 서로 다른 두 음이 이어질 때 어느 한쪽 또는 양쪽이 영향을 받아 비슷하거나 같은 소리로 바뀌는 현상이다.

1. 자음 동화

자음 동화는 음절 끝 자음과 그 뒤에 오는 자음이 만나 일어나는 현상으로, 비음화와 유음화가 대표적이다.

- 비음화①: 'ㅂ, ㄷ, ㄱ'이 비음 'ㅁ, ㄴ'과 만나면 비음 'ㅁ, ㄴ, ㅇ'이 된다.
- 비음화②: 비음 'ㅁ, ㅇ'과 'ㄹ'이 만나면 'ㄹ'이 비음 'ㄴ'이 된다.
- 비음화③: 'ㅂ, ㄷ, ㄱ'과 'ㄹ'이 만나면 'ㄹ'이 'ㄴ'이 된다. 이후, 비음 'ㄴ'을 닮아서 'ㅂ, ㄷ, ㄱ'이 각각 비음 'ㅁ, ㄴ, ㅇ'이 된다.
- 유음화: 유음 'ㄹ'의 앞이나 뒤에 'ㄴ'이 오면 'ㄴ'이 'ㄹ'로 변한다.(동일 환경임에

59

도 불구하고 [ㄴㄴ]으로 발음하는 예외적 단어에 주의해야 한다.)

2. 모음 동화

모음 동화는 모음과 모음이 만나 일어나는 현상으로, 'ㅣ모음 역행 동화'가 이에 해당한다. 즉 후설 모음 'ㅏ, ㅓ, ㅗ, ㅜ'는 전설 모음 'ㅣ'와 만나면 전설 모음 'ㅐ, ㅔ, ㅚ, ㅟ'로 변한다. 이를 '움라우트(umlaut) 현상' 또는 '전설 모음화'라 한다.

- 아비 → [애비], 어미 → [에미] / 손잡이 → [손잽이] → [손재비] : 표준발음 아님.
- -장이 / -쟁이 : 구별해서 사용
- 냄비, -내기, 동댕이치다 : 'ㅣ모음 역행 동화'의 발음이 굳어진 표준어

※ 다음 단어들의 음운 현상에 대해 설명해 보자.

1. 남루 → [   ] / 강릉 → [   ]
2. 선릉 → [   ] / 칼날 → [   ]
3. 밥물 → [   ] / 흙냄새 → [   ] → [   ]
4. 섭리 → [   ] → [   ] / 백로 → [   ] → [   ]

※ 다음 중, 올바른 표기는 무엇인가?

1. 아지랑이 / 아지랭이
2. 유기, 옹기, 개구, 점, 양복 + { -장이 / -쟁이

---

3. 구개음화

구개음화도 동화 현상에 해당한다. 다만 자음과 모음의 결합 과정에서 발생하는 동화라는 점이 특이하다.

- 구개음이 아닌 'ㄷ, ㅌ'이 모음 'ㅣ'(또는 반모음 'ㅣ')로 시작하는 <u>형식 형태소</u>와 만

나면 구개음 'ㅈ, ㅊ'으로 변한다.(자음 'ㄷ, ㅌ'과 모음 'ㅣ'의 발음 위치는 같지 않다. 그러다 보니 발음을 좀 더 수월하게 하기 위해 'ㄷ, ㅌ'이 모음 'ㅣ'의 발음 위치와 비슷한 구개음 'ㅈ, ㅊ'으로 교체되는 것이다.)

 알/아/보/기―형식 형태소와 결합

1. '맏이'와 '같이'의 표준발음은? 이들은 구개음화의 조건을 갖추고 있는가?
2. '잔디', '느티나무'의 표준발음은? 이 역시 구개음화의 조건을 갖추고 있는가?
3. 1과 2의 차이는 무엇인가?

 4 **음운 축약과 탈락**

음운의 축약은 두 개의 음운이 만나 한 개의 음운으로 줄어드는 현상이며, 음운 탈락은 두 개의 음운 중 어느 하나를 탈락시키는 현상이다. 자음과 모음의 사이에서 축약과 탈락 현상이 일어난다.

- 음운 축약 : 'ㄱ, ㄷ, ㅂ, ㅈ'이 'ㅎ'과 만나 'ㅋ, ㅌ, ㅍ, ㅊ'으로 교체된다. 'ㅗ, ㅜ'가 '-아, -어, -았-, -었-'과 만나 'ㅘ, ㅝ'로 교체된다.
- 음운 탈락 : 자음군 단순화, 'ㅎ' 탈락, 'ㄹ' 탈락 등과 'ㅡ' 탈락 그리고 'ㅏ, ㅓ'로 끝나는 어간이 모음 'ㅏ, ㅓ'로 시작하는 어미와 결합할 때 'ㅏ, ㅓ'가 탈락하게 된다.

※ 다음은 어간의 끝 음절 '하'의 줄어듦에 따라 표기가 달라진다. 아래의 언어자료에서 그 줄어듦의 조건에 대해 알아보자.

언어 자료	• 흔하다 → 흔타 • 정결하다 → 정결타 • 무심하다 → 무심타 • 다정하다 → 다정타 • 연구하도록 → 연구토록	• 거북하지 → 거북지 • 생각하건대 → 생각건대 • 못하지 않다 → 못지 않다 • 답답하지 않다 → 답답지 않다
탈락 규칙		

5 음운 첨가

음운의 첨가는 원래 없었던 음운이 새로 추가되는 현상이다. 자음과 모음의 첨가 현상이 나타난다.

- 자음 첨가 : 'ㄴ' 첨가(솜+이불 → [   ], 맨+입 → [   ])
- 모음 첨가 : 'ㅣ' 모음 첨가(피-+-어 → [   ], 되-+-어 → [   ])

 정/리/하/기

※ 국어의 음운 변동은 크게 4가지, '교체, 첨가, 축약, 탈락' 현상으로 나타난다. 아래 음운 변동은 이들 중 어느 유형에 속하는지 탐구해 보자.

1. '음절의 끝소리 규칙' 중 '대표음 규칙'과 '자음군단순화'에 대해 알아보자. 그리고 음운 변동의 유형 중 어디에 해당하는지 알아보자.
   (1) 대표음 규칙 / 자음군단순화
   (2) 음운 변동의 유형

2. '된소리되기'(경음화)의 조건에 대해 알아보자. 그리고 음운 변동의 유형 중 어디에 해당하는지 알아보자.
   (1) 경음화 조건
   (2) 음운 변동의 유형

3. 다음 단어들의 음운 변동 과정을 탐색한 후, 그 과정에서 일어나는 음운 변동에 대해 설명해보자.
   (1) '홑+이불' → [□+□□] → [□□□]
   (2) '색+연필' → [□+□□] → [□□□]

언어의 단어 구조 : 형태론

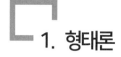

1. 형태론

언어 표현이 정확한지 그렇지 않은지는 주로 단어와 문장에서 결정된다. 수많은 단어 중 상황에 적절한 단어들을 조합하여 문장을 구사하기 때문이다. 예를 들어, "Mary was reading the letter to her husband."와 "영희는 개를 좋아한다."는 각 단어의 문법범주를 고려한 정문이다. 또한 'un-happy'와 'happy-un'의 가·부를 통해 단어의 내부구조 역시 규칙의 적용을 받고 있음을 알 수 있다. 이처럼 단어의 구조나 형성의 원리에 관한 연구 분야가 '형태론'(morphology)이다.

1 형태소의 정의

단어 내부의 구조를 밝히기 위해서는 그 구성 요소인 '형태소'의 개념을 이해해야 한다. '형태소'의 사전적 정의는 다음과 같다.

> 형태소(形態素)
> [명사] □을 가진 가장 작은 말의 단위. cf) 최소의 유의적(有意的) 단위

'의미'를 지닌 가장 작은 언어(말)의 단위라는 설명이 의미하는 바가 무엇인가? 아래와 같이 형태소를 쪼갠 음절과 음운은 의미와 관계없는 단위이다.

음 운	ㄱ, ㅗ, ㄱ, ㅣ	ㅁ, ㅓ, ㄱ, ㄱ, ㅗ	ㄲ, ㅗ, ㅊ, ㅂ, ㅏ, ㅌ
음 절	[고], [기]	[먹], [꼬]	[꼳], [받]
형태소	'□□'	'□-', '-□'	'□', '□'

2   형태소의 종류

'고기'는 하나의 형태소, '먹고'와 '꽃밭'은 두 개의 형태소로 이루어져 있다. 그러나 각 형태소는 자립성의 유·무와 의미 및 기능에 따른 차이가 존재한다.

1. 자립성의 유·무

다른 형태소와 결합하지 않고 홀로 자립하여 쓰이는 '고기, 꽃, 밭'을 '자립 형태소'라 한다. 반면 '먹-, -고'처럼 혼자 자립하여 쓰일 수 없고 항상 다른 형태소에 의존하여 쓰이는 것을 '의존 형태소'라 한다.

2. 의미와 기능의 차이

단어 형성의 중심축으로 구체적인 어휘적 의미를 지니는 형태소를 '실질 형태소'라 한다. 반면 실질 형태소에 결합하여 단어의 관계를 표시하며 문법적 의미를 지니는 형태소를 '형식 형태소'라 한다.

3   형태와 이형태

> 철수가 우동을 먹었다.
> 학생이 공부를 하였다.

형태소가 환경에 따라 다른 모습으로 나타날 때, 이를 '이형태'라고 한다. '철수, 학생' 등은 한 형태로만 나타나지만, '가/이', '을/를', '았/었/였'은 둘 이상으로 나타나기도 한다.

65

형태소 '가/이', '을/를', '았/었'처럼 그 앞의 음운의 종류에 따라 달라지는 이형태를 '음운론적 이형태'라 하며, '었/였'처럼 선행하는 형태의 차이에 따라 달라지는 이형태를 '형태론적 이형태'라 한다.

2. 단어와 품사

하나 혹은 그 이상의 형태소가 결합하여 단어('고기', '먹+다', '꽃+밭')를 구성한 다는 점에서 형태소와 단어는 관련이 깊고, 의미를 지니고 있다는 공통점도 있다. 그러나 단어는 형태소와 다른 기능이 존재한다.

1 단어의 정의

단어는 무엇이며, 형태소와 어떤 차이점이 있을까?

형태소	고기	먹- / -다	꽃 / 밭
단 어	고기	먹다	꽃밭

형태소 중에는 자립성을 지니는 것(고기, 꽃, 밭)도 있는 반면 그렇지 않은 것(먹, 다)도 있다. 그러나 단어(고기, 먹다, 꽃밭)는 자립한다는 특징이 있어 이를 사전적 정의로 다루고 있다.

> 단어(單語)
> [명사] ①분리하여 자립적으로 쓸 수 있는 말이나 이에 준하는 말. 또는 ②그 말의 뒤에 붙어서 문법적 기능을 나타내는 말. cf) 최소 자립 형식

알/아/보/기—단어의 분리성

1. 단어의 사전적 정의 ②는 [자립적/의존적]인 성질을 나타낸다.

2. 단어의 사전적 정의 ②가 가리키고 있는 구체적 대상은 무엇인가?

3. 2의 대상을 단어로 설정할 수 있는 근거는 무엇인가? 의존적 성격의 어간, 어미
   와 내조해 설명해보자.

2 단어와 품사

단어는 사전 등재의 기준으로, 『표준국어대사전』에는 약 50만 개의 단어가 실려
있다. 50만 단어의 사전적 의미는 다르지만 문법적 성질의 공통성에 따라 몇 갈래로
나눌 수 있다. 이를 '품사'(品詞)라 한다.

1. 품사 분류의 기준

> ● 학교, 그녀, 하나(1), 먹다, 예쁘다, 매우, 웬, -가/-이다, 아!

① 각 단어들의 형태 변화(활용의 여부)를 기준으로 분류해보자.

　불변어 :
　가변어 :

② 각 단어들이 문장에서 하는 문법적 기능을 기준으로 분류해보자.

　체　언 :
　용　언 :
　수식언 :
　관계언 :
　독립언 :

③ 각 단어들의 사전적 의미가 아닌 형식적 의미를 기준으로 분류해보자.

명 사 :	동 사 :	관형사 :
대명사 :	형용사 :	감탄사 :
수 사 :	부 사 :	조 사 :

품사 분류의 세 가지 기준을 적용한 결과는 아래의 품사 분류표와 같다.

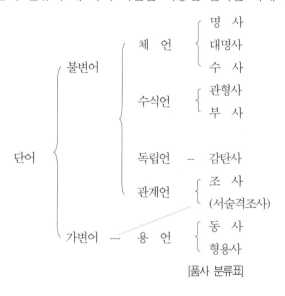

[품사 분류표]

2. 품사의 실제(1) – 체언/관계언

체언(體言)은 용언에 대립하는 개념으로, 형태가 고정되어 변하지 않는다. 또한 조사의 도움으로 문장 안에서 주어, 목적어, 부사어 등의 자리에 쓰인다.

명사는 사람이나 사물의 이름을 표시하는 단어로, 보통 명사와 고유 명사, 자립 명사와 의존 명사로 구분한다.(의존 명사는 자립성은 없지만 일반적인 명사가 쓰이는 환경에 두루 쓰일 수 있으므로 분류상 '자립 형태소'로 처리한다.)

대명사는 사람이나 사물의 이름을 대신하여 이르는 단어로, 인칭 대명사와 지시 대명사로 구분한다. 인칭 대명사는 인칭과 듣는 이의 지위에 따라 달리 쓰인다. '당신'과 '우리'의 쓰임에 주의해야 한다.

※ 일부 의존 명사는 관형어 및 체언과의 결합 여부에 따라 품사가 달리지고, 띄어쓰기에 차이가 나타난다. 아래의 '대로, 만큼, 뿐'의 차이에 대해 알아보자.

- 생각했던대로 이번 시험은 어려웠다.
- 너는 너대로 나는 나대로 갈 길을 가자.

- 우리가 노력한만큼 성과를 얻는다.
- 나도 너만큼은 언어 지식을 갖고 있다.

- 모두들 웃고 있을뿐 아무런 반응이 없다.
- 이 상황에서 오직 믿는 것은 실력뿐이다.

※ 다음의 '당신'이 인칭과 높임법에 따라 그 쓰임이 어떻게 달라지는지 알아보자.

- 당신? 언제 봤다고 누구한테 당신이야.
- 당신, 요즘 회사 생활 많이 피곤하시죠?
- 당신의 고귀한 희생정신 잊지 않겠습니다.
- 교수님은 당신께서 직접 쓴 교재가 필요하셨어.

※ '나'의 복수형 '우리'는 쓰임에 따라 의미(지시성)가 달라지면서 '저희'의 사용에 제약이 나타난다. 그 의미 조건을 알아보자.

1. '우리'의 의미 차이 확인
    - 우리 동네에는 편의점이 많다. 너희 동네도 그러니?
    - 우리 열심히 공부했으니 이제 그만하고 커피 한 잔 마시자.

2. '우리 → 저희' 교체의 가·부 확인
    - 저희 동네에는 편의점이 많은데, 교수님의 동네도 그렇습니까?
    - *저희 열심히 공부했으니 이제 그만하고 커피 한 잔 마시자.

3. '우리'의 특수 용법(1)
    - (한국인 → 한국인) ⎰*저희 나라 사람들은 정말 부지런해.
      ⎱우리나라 사람들은 정말 부지런해.

    - (한국인 → 외국인) ⎰*저희 나라 사람들은 정말 부지런해.
      ⎱우리나라 사람들은 정말 부지런해.

4. '우리'의 특수 용법(2)
- <u>우리</u> 아버지께서는 외국에 계셔.
- <u>우리</u> 남편은 지금 외국 출장 중이야.

수사는 사물의 수량이나 차례를 가리키는 단어로, 양수사와 서수사로 구분된다. 다시 양수사와 서수사는 고유어 계열과 한자어 계열로 세분화된다.

> ※ 우리말로 적을 때, 단위성 의존 명사와 결합할 때 수사의 띄어쓰기에 주의해야 한다.

- 1,234,567,897   십이억 _____
               12억 _____
  tip 다만, 금액을 적을 때에는 변조 등의 사고를 막기 위해 붙여 쓴다.

- 제1 과 제1 장 : 제1과 제1장 / 제일 과 제일 장 : 제일과 제일장
- 35월, 70관, 42마일, 26그램, 3년 6개월 20일간
  tip 순서를 나타내는 경우나 숫자와 어울릴 경우에는 붙여 쓸 수 있다.

> ※ 수사 '셋, 넷'의 일반적인 수관형사는 '세, 네'이고, 이의 이형태로 '서, 너'와 '석, 넉'이 존재한다. 다음 용례를 통해 쓰임의 차이점에 대해 알아보자.

- 이 반지는 금 { <u>서/너</u> 돈짜리이다.
                <u>석/넉</u> 돈짜리이다.

- 돈이 없어 쌀 { <u>서/너</u> 섬밖에 살 수 없다.
              <u>석/넉</u> 섬밖에 살 수 없다.

  tip '돈, 말, 발, 푼' 등 앞에 '셋'을 나타내는 말로 '□'가 붙는다. '□' 대신 '석'이나 '세'가 올 때는 잘못이다. '냥, 되, 섬, 자' 등 앞에 '셋'을 나타내는 말로 '□'이 붙는다. '□' 대신 '서'나 '세'가 올 때는 잘못이다.

조사(助詞)는 자립 형태소인 체언(명사·대명사·수사)에 붙어 다른 말과의 문법

적 관계를 나타내거나 특정한 뜻을 더해 주는 관계언이다. 앞서 조사의 단어 인정은
자립 형태소와 쉽게 분리될 수 있는 '분리성'의 원칙에 의함을 알아보았다.

※ 서술격조사 '-이다'의 어간 '이-와 어미 '-에요/어요'가 붙은 '-이에요/-이어요'는 복
수표준어이다. 두 표준어는 선행어의 종류와 음운적 환경에 따른 제약이 많다.

1. 선행어의 성격 차이 확인
   - 이것은 <u>연필/지우개</u>-이에요/이어요.
   - 이것은 연필/지우개가 <u>아니</u>-에요/어요.

2. '-이에요/이어요'의 축약 조건 확인
   - 이것은 <u>연필</u>-이에요/이어요. → *연필예요/여요.
   - 이것은 <u>지우개</u>-이에요/이어요. → 지우개예요/여요.

3. 용언의 어간+'-이에요/이어요'의 축약 확인
   - 이것은 연필이 <u>아니</u>-에요/어요. → 아녜요/녀요.
   - 이것은 지우개가 <u>아니</u>-에요/어요. → 아녜요/녀요.

※ '그러므로/그럼으로' 및 '하므로/함으로'는 발음으로 구별이 되지 않는다. 그러나
다음과 같은 형태적, 의미적 차이가 있어 구별해 사용해야 한다.

1. 형태소 분석
   - 그러므로/하므로 :
   - 그럼으로/함으로 :

2. 의미 분석
   - 그러므로/하므로 :
   - 그럼으로/함으로 :

3. 올바른 표기
   - 학칙이 (그러므로/그럼으로) 이를 어길 수 없다.
   - 그는 열심히 (공부하므로/공부함으로) 부모님 은혜에 보답한다.

---

3. 품사의 실제(2) – 용언

용언(用言)은 문장의 주체를 서술하는 단어로, 사물의 움직임을 설명하는 동사와 사물의 성질·상태 등을 설명하는 형용사가 있다. 용언은 다른 기능어와 달리 어형의 변화, 즉 활용에 의해서 문장의 성분으로 쓰인다.

동사와 형용사는 사물의 움직임과 성질·상태를 설명한다는 점과 함께 활용에서 많은 차이를 보인다. 동사 '밝다'와 형용사 '밝다'의 활용을 비교·대조해보자.

> 밝다[박따]
> [동사] 새벽이 밝아 온다. 새해가 밝았다. 잠시 후 날이 밝는다.

> 밝다[박따]
> [형용사] 햇살이 밝다. 대낮처럼 밝은 백열등이다. 밝게 웃다.

알/아/보/기 — 동사·형용사 구분

1. 동사와 형용사 중 현재형 어미 '-ㄴ다/-는다'를 취하는 것은?
2. 동사, 형용사에 결합하는 현재 시제 관형사형 어미는?
3. 명령형 어미 '-아라/어라', 동작상의 '-고 있다'와 '-고 싶다' 그리고 의도와 목적의 연결어미 '-(으)려', '-(으)러'와 결합이 자연스러운 품사는?

생/각/해/보/기

연합뉴스, "'잘생기다'는 형용사 아닌 동사… 국어원이 야기한 품사 논란", 2017.12.17.

동사는 주체의 직접적인 동작을 나타내는 '주동사'와 남에게 행동을 시키는 '사동사'가 있고, 주체가 목적 대상을 향해 직접 행함을 나타내는 '능동사'와 남에게 움직임을 당함을 나타내는 '피동사'가 있다.(자동사와 타동사는 그 움직임이 주어에만 영향을 미치는가 아니면 주어와 목적어에 미치는가에 따라 구분된다.)

보다[동사]
1. 눈으로 대상의 존재나 형태적 특징을 알다.
　예 잡지에서 난생 처음 보는 단어를 발견하였다.

↓

'보다¹'의 사동사.　　　　　　　　　　'보다¹'의 피동사.
　예 그는 나에게 사진첩을 보였다.　　　예 산이 보이다

※ 동사 '썩다'의 사동 형태에는 '썩이다'와 '썩히다'가 있다. 두 단어의 의미 차이와 그에 따르는 정확한 용법에 대해 이해해보자.

왜 너는 이런 시골에서 너의 재주를 (썩이고/썩히고) 있니?

● 예문의 올바른 표현은 무엇인가?

● '썩이다'와 '썩히다'의 의미와 용례에 대해 조사해보자.
　(1) '썩이다'

　(2) '썩히다'
　　①

　　②

　　③

※ 동사 '띠다'와 '띄다'는 발음이 같아 표기에 어려움이 따른다. 두 단어의 의미 차이
와 정확한 용법에 대해 이해해보자.

- 우리는 민족중흥의 역사적 사명을 (띠고/띄고) 이 땅에 태어났다.
- 강가의 빨간 지붕이 눈에 (띠게/띄게) 달라졌다.

1. 예문의 올바른 표현은 무엇인가?

2. 동사 '띠다'와 '띄다'의 의미는 다음과 같다.

(1) '띠다' : '색깔이나 빛을 표면에 나타낸다'는 뜻(예 붉은빛을 띤 노을),
'용무 등을 가지고 있다'는 뜻(예 중대한 임무를 띠고 있다.),
'표정이나 감정을 표시'(예 미소(노기) 띤 얼굴)하기도 한다.

(2) '띄다' : '뜨이다'의 준말로, '눈에 보인다'는 의미를 지닌다. 예 예쁜 글씨
가 눈에 띄었다.

동사와 형용사처럼 일정한 문법적 관계를 표시하기 위해 어미를 바꾸는 것을 '활
용'(活用)이라 한다. 활용어에는 동사, 형용사, 서술격조사 '-이다'가 있다.

활용어의 구조 동사와 형용사는 한 단어이면서 둘 이상의 형태소, 즉 '어간'(語
幹 : stem)과 '어미'(語尾 : ending)가 결합한 구조이다.

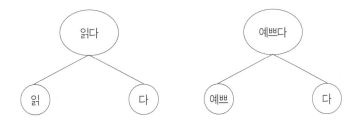

어간은 활용 시 언제나 똑같은 모습인 반면, 어미는 필요에 따라 다양한 모습으로 변하게 된다.

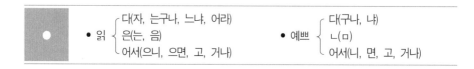

	읽	다(자, 는구나, 느냐, 어라)	예쁘	다(구나, 냐)
		은(는, 음)		ㄴ(ㅁ)
		어서(으니, 으면, 고, 거나)		어서(니, 면, 고, 거나)

조사는 일반적으로 불변어에 속하기 때문에 활용을 하지 않는다. 그러나 서술격 조사 '-이다'는 예외적으로 활용을 한다.

	철수는 학생이	다(로구나, 냐)
		ㄴ(ㅁ)
		어서(니, 면, 고, 거나)

결국, 활용어는 어간에 다양한 어미가 결합하는 모습으로 구체화된다.(인도·유럽어에서는 명사, 대명사, 수사, 형용사 등이 격(格), 수(數), 성(性)에 의한 변화를 '굴절'(屈折)이라 한다. 한국어에서는 체언이 조사의 결합으로 여러 기능으로 쓰이는 것을 '곡용'(曲用), 용언이 어미와 결합해 형태를 바꾸는 것을 '활용'이라 한다. 그러나 곡용은 조사를 단어로 인정하지 않을 때에만 가능한 것이므로, 현행 학교문법에서는 인정하지 않는다.)

어미의 체계 어간과 결합하는 어미의 모습에서 그 종류를 확인할 수 있다.

①	철수가 책을 읽<u>다</u>.	꽃이 <u>예쁘다</u>.
②	철수가 책을 <u>읽는다</u>.	-
	철수가 책을 <u>읽었다</u>.	꽃이 <u>예뻤다</u>.
	철수가 책을 <u>읽겠다</u>.	꽃이 <u>예쁘겠다</u>.
	아버지께서 책을 <u>읽으시다</u>.	어머니의 마음이 <u>예쁘시다</u>.
	아버지께서 책을 <u>읽으시옵니다</u>.	어머니의 마음이 <u>예쁘시옵니다</u>.

밑줄 친 단어의 어간은 '읽-'과 '예쁘-'이며, 어미는 그 뒷부분이다. 그런데 ❶의 어미 부분은 단순한 모습이지만 ❷는 복잡한 모습이다. 다음과 같다.

tip ❸의 선어말어미를 점선으로 한 것은 필요에 따라 선택되는 어미임을 나타낸다.

선어말어미(先語末語尾)는 어간과 어말어미 사이에 놓여 시제, 높임, 공손 등을 나타낸다. '-는-, -었-, -겠-'은 시제를 표시하는 선어말어미이다. '-(으)시-'는 높임을 표시하고, '-옵-'은 공손을 표시하는 선어말어미이다.

어말어미는 어간과 선어말어미 뒤에서 문장을 끝맺게 하거나 다음 문장에 이어지게 한다. 문장을 끝맺는 방식과 문장을 잇는 방식에 따라 다시 세분화된다.

종결어미		• 철수가 물을 마신다. (평서형) • 철수가 물을 마시는구나! (감탄형) • 철수가 물을 마시냐? (의문형) • 철수야, 물을 마셔라. (명령형) • 철수야, 물을 마시자. (청유형)
비종결 어미	연결 어미	• 예술은 짧고 인생은 길다. (대등적) • 비가 와서 여행을 갈 수 없었다. (종속적)
	전성 어미	• 지금 읽는 책 / 어제 읽은 책 / 내일 읽을 책 (관형사형) • 읽기, 말하기, 듣기, 쓰기가 어렵다. (명사형)

동사, 형용사, 서술격조사는 다양한 어미와 결합하여 활용한다. 그러나 활용의 구체적 모습은 다르다. 즉 동사가 대부분의 어말어미를 취할 수 있는 반면 형용사와 서술격조사는 그 결합에 제약이 따른다.

	현재형	의문형	감탄형	명령형	청유형	목적형	의도형
먹다	먹는다	먹느냐	먹는구나	먹어라	먹자	먹으러	먹으려고
예쁘다	*예쁜다	예쁘냐	예쁘구나	*예뻐라	*예쁘자	*예쁘러	*예쁘려고
책이다	*책인다	책이냐	책이로구나	*책이어라	*책이자	*책이러	*책이려고

활용의 규칙성 용언이 활용할 때, 어간과 어미 모두 규칙적인 모습을 보이거나 어간의 형태가 변하기는 하지만 일정한 음운 환경에서 예외 없이 변하는 것은 '규칙 활용'으로 다룬다.

- 먹다 : 먹어, 먹는, 먹고, 먹지, 먹어라 등
- 읽다 : 읽어, 읽는, 읽고, 읽지, 읽어라 등
- 'ㄹ' 탈락 : 예 살다 → 사니, 삽니다, 사시오, 사오
- 'ㅡ' 탈락 : 예 쓰다 → 쓰+어 〉 써, 쓰+었+다 〉 썼다

※ '날다'와 '알다'는 'ㄹ' 탈락 용언이다. 이들의 활용 표현에 대해 알아보자.

- 하늘을 날으는 공군 전투기
- 우리 모두가 아다시피/아시다시피 축제는 성공적이었다.

※ '담그다', '잠그다', '치르다', '들르다'는 모두 'ㅡ' 탈락 용언에 속한다. 이를 참고하여 다음의 바른 표현을 찾아보자.

- 겨울에 먹을 김치를 (담궜다/담갔다).
- 밖에 나갈 때 반드시 문을 (잠궈라/잠가라).
- 어수선한 가운데 중간 시험을 (치뤘다/치렀다).
- 집에 들어오는 길에 편의점에 (들려/들러) 우유 좀 사 와.

활용의 불규칙성 용언이 활용할 때, 어간과 어미의 변화를 일반적인 음운 규칙으로 설명할 수 없는 것을 '불규칙 활용'이라 한다.

- 어간의 불규칙 활용에는 'ㅅ' 불규칙, 'ㄷ' 불규칙, 'ㅂ' 불규칙, '르' 불규칙, 'ㅜ' 불규칙이 해당한다.

| 'ㅅ' 활용 | 규 칙 | 웃다 : 웃어, 웃어서, 웃어도 … 예 벗다, 빗다 등 |
| | 불규칙 | 잇다 : 이어, 이어서, 이어도 … 예 젓다, 굿다 등 |

| 'ㄷ' 활용 | 규 칙 | 묻다(埋) : 묻어, 묻어서, 묻어도 … 예 걷다(收) 등 |
| | 불규칙 | 묻다(問) : 물어, 물어서, 물어도 … 예 걷다(步) 등 |

| 'ㅂ' 활용 | 규 칙 | 입다 : 입어, 입어서, 입어도 … 예 굽다(曲) 등 |
| | 불규칙 | 줍다 : 주워, 주워서, 주워도 … 예 굽다(炙) 등 |

| '르' 활용 | 규 칙 | 따르다 : 따라, 따라서, 따라도 … 예 치르다 등 |
| | 불규칙 | 흐르다 : 흘러, 흘러서, 흘러도 … 예 오르다 등 |

| 'ㅜ' 활용 | 규 칙 | 주다 : 주어, 주어서, 주어도 … 예 두다, 추다 등 |
| | 불규칙 | 푸다 : 퍼, 퍼서, 퍼도 … 예 '푸다' 뿐 |

※ 다음 '붇다'의 의미와 활용형을 참고하여, 올바른 표현에 대해 알아보자.

붇다[분 : 따] 동사. 활용 : 불어, 불으니, 붇는[분 : 는]
1. 물에 젖어서 부피가 커지다. 2. 분량이나 수효가 많아지다. 3. 살이 찌다.

2. ① 체중이 <u>불면</u> 건강에 좋지 않다.
   ② 면발이 <u>붇지</u> 않아야 맛이 있다.
   ③ 계곡물이 갑자기 <u>불어나</u> 등산객들이 고립되었다.

※ 다음 '바르다'의 의미와 활용형을 참고하여 올바른 표현에 대해 알아보자.

1. 바르다 형용사. 활용 : 발라, 바르니
   말이나 행동 따위가 사회적인 규범이나 사리에 어긋나지 아니하고 들어맞다.

2. 그는 예의가 바라서/발라서 많은 사람들에게 칭찬을 받고 있다.

- 어미의 불규칙 활용에는 '여' 불규칙, '거라' 불규칙, '너라' 불규칙, '러' 불규칙이
  해당한다.(7차 교육과정부터 '거라' 규칙 활용으로 처리한다.)

'여' 불규칙	조건 : 어간에 결합하는 어미 '-어'가 '-여로 바뀌는 현상.
	하다 : 하+<u>어</u>〉하여, 하+<u>어도</u>〉하여도 예 '하다'가 붙는 말은 모두 '여' 불규칙 활용을 한다.

'거라' 불규칙	조건 : '가라'처럼 받침 없는 '-아'로 된 동사의 명령형 어미 '-아라'가 '-거라'로 바뀌는 현상.
	가다 : 가+<u>아라</u>〉가거라 예 까다, 나다, 사다, 일어나다 등

'너라' 불규칙	조건 : 명령형 어미 '-아라'가 '-너라'로 변하는 현상.
	오다 : 오+<u>아라</u>〉오너라 예 나오다, 들어오다 등

'러' 불규칙	조건 : 어미 '-어'가 '-러'로 변하는 현상.
	이르다 : 이르+<u>어</u>〉이르러 예 이르다(至), 누르다, 푸르다 뿐

※ '이르다'는 동사와 형용사로 기능하며 세 가지의 의미(至, 謂, 早)를 지니고 있다.
이들의 활용 방식의 차이에 대해 알아보자.

1. 이르다 동사.
   (1) 어떤 장소나 시간에 닿다. 활용 : 이르러, 이르니
   (2) 「…에게 …을, …에게 -고」 무엇이라고 말하다. 활용 : 일러, 이르니

2. 이르다 형용사.
   「…보다, -기에」 대중이나 기준을 잡은 때보다 앞서거나 빠르다.
     활용 : 일러, 이르니

- 어간과 어미의 불규칙 활용에는 'ㅎ' 불규칙이 해당한다. 'ㅎ' 받침을 가진 모든 형
용사가 이에 해당하는데, '좋다'만 규칙 활용을 할 뿐이다.

'ㅎ' 불규칙 (어간)	조건 : 'ㅎ' 받침을 가진 형용사의 'ㅎ'이 탈락하는 현상.
	좋 다 : 좋+은〉좋은, 좋+습니다〉좋습니다 파랗다 : 파랑+ㄴ〉파란, 파랑+ㅂ니다〉파랍니다, 파랄

'ㅎ' 불규칙 (어간, 어미)	조건 : 'ㅎ' 받침을 가진 형용사의 'ㅎ'이 탈락하고, 어미도 바뀌는 현상.
	좋 다 : 좋+아서〉좋아서, 좋+았다〉좋았다 파랗다 : 파랑+아서〉파래서, 파랑+았다〉파랬다

4. 품사의 실제(3) – 수식언

수식언(修飾言)은 체언이나 용언의 앞에서 그 말을 꾸미는 단어로, 관형사와 부사
가 있다.

- 수식언
  - 관형사 : 체언 수식언 예 새 옷을 입어라.
  - 부   사 : 용언 수식언 예 토끼가 빨리 달린다.

> ※ 체언을 수식한다는 관형사의 고유한 기능을 참고로 하여 아래 표현의 차이점에 대해 알아보자.

- 이민을 간다니 이게 (웬/왠) 말이야!
- 가을이 되니 (웬/왠)지 그녀가 보고 싶다.
- (예/옛)부터 전해 내려오는 무서운 이야기
- (빨간색/빨강색) 크레파스가 다 닳아서 없다.
- (가능한/가능한 한) 빨리 보고서를 제출해 주시기 바랍니다.

81

※ '잘 하다'(못 하다)와 '잘하다'(못하다)는 형태적 구성과 의미가 다르다. 그 차이에 대해 알아보자.

1. 잘 하다 { 의미 :
          예문 :
   잘하다 { 의미 :
          예문 :

2. 못 하다 { 의미 :
          예문 :
   못하다 { 의미 :
          예문 :

5. 품사의 실제(4) – 독립언

독립언(獨立言)은 문장의 특정 성분과 관련을 맺지 않고 독립적으로 쓰이는 단어로, 감탄사가 해당한다. 감탄사는 모두 독립어이다. 그러나 독립어가 반드시 감탄사인 것은 아니다. 왜냐하면 체언에 호격 조사가 붙는 말(철수야, 내일 뭐 하니?), 제시하는 말(청춘, 마음 설레는 단어이다.), 접속부사 등도 독립어에 해당하기 때문이다.

※ 다음 '같이'의 사전적 풀이를 기초로 정확한 띄어쓰기에 대해 알아보자.

① 조사 : (체언 뒤에 붙어) '앞말이 보이는 전형적인 어떤 특징처럼'의 뜻을 나타내는 격 조사.
② 부사 : (주로 격 조사 '과'나 여럿임을 뜻하는 말 뒤에 쓰여) 둘 이상의 사람이나 사물이 함께.
  • 그는 친구와같이 사업을 하고 있다.
  • 마음씨가 비단결같이 아름답다.

※ 다음은 '같다'의 사전적 정의와 띄어쓰기의 규정이다. 예문의 올바른 띄어쓰기는?

① 같다 : '다른 것과 비교하여 그것과 다르지 않다'는 의미.
② 띄어쓰기의 단위는 단어이다.
- 백옥같은 피부
- 호랑이같은 선생님
- 너같이 바보같은 아이는 처음 본다.

※ '다른'과 '다르다'의 활용형 '다른'은 형태가 같아 표기에 혼동이 있다. 의미의 차이를 고려하여 정확한 표현을 찾아보자.

① 다른 :
② 다르다 :
- 이 옷은 말고 다른 옷을 보여주세요.
- 이 옷은 아까 입어 본 옷과 다른 옷이다.

3. 단어 형성의 원리

우리는 단어를 문법적 성질의 공통성, 즉 품사를 기준으로 9개로 구분하였다. 한편, 단어를 구분하는 또 다른 기준은 단어의 형성법(단어 구성의 원리)이다. 이에 따르면 단어는 다음과 같은 체계를 이루고 있다.

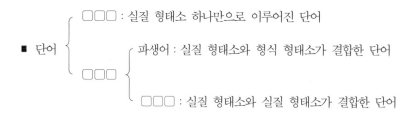

1 어근과 접사

단어의 형성에 관여하는 실질 형태소를 '어근'(語根), 형식 형태소를 '접사'(接辭)라 한다.(단어 형성의 실질 및 형식 형태소는 단어 굴절에서의 개념과 다르다. 즉 단어 굴절의 '조사'와 '어미'는 형식 형태소로 체언과 용언의 어간에 자유롭게 붙어서 문법적 관계를 표시하는 체계 형태소에 속한다. 그러나 '먹다'처럼 단어 형성에서의 어미는 어간과 결합하여 하나의 어근(단일어)의 모습을 보인다.)

◆ 알/아/보/기 ─ 어간·어근·접사 구분

'밟는다'	'짓밟히다'
밟(어근 및 어간)+는다(어미)	짓(접사)+밟(어근)+히(접사)+어미(다) 어간

단어의 형성에 관여하는 접사는 어근의 앞에 위치하느냐 뒤에 위치하느냐에 따라 '접두사'와 '접미사'로 구분하며, 어근의 품사를 바꾸느냐 그렇지 않느냐에 따라 '지배적 접사'와 '한정적 접사'로 구분할 수 있다.

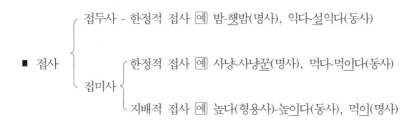

■ 접사
　　접두사 - 한정적 접사 예 밤-햇밤(명사), 익다-설익다(동사)

　　접미사
　　　　한정적 접사 예 사냥-사냥꾼(명사), 먹다-먹이다(동사)
　　　　지배적 접사 예 높다(형용사)-높이다(동사), 먹이(명사)

2 단어의 체계

최소의 자립 형식인 단어는 형태소의 결합으로 이루어진다. 작게는 하나의 형태소가 단어를 구성하기도 하지만 몇 개의 형태소가 결합한 단어도 있다.

> ● boy, gentle, man, desire

위의 단어들은 더 이상 분석이 되지 않고, 그 자체가 하나의 형태소 자격을 가지는 단일 형태소들이다. 그러나 아래는 이보다 더 복잡한 구조를 나타낸다.

> ❶
> ● boy-ish, desire-able
> ● boy-ish-ness, desire-able-ity
> ● gentle-man-li-ness, un-desire-able-ity
> ● un-gentle-man-li-ness, anti-dis-establish-ment-ari-an-ism

> ❷ ● police dog, police reporter, mother in law

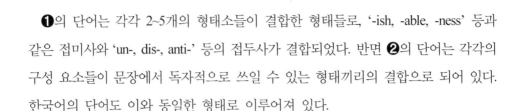

❶의 단어는 각각 2~5개의 형태소들이 결합한 형태들로, '-ish, -able, -ness' 등과 같은 접미사와 'un-, dis-, anti-' 등의 접두사가 결합되었다. 반면 ❷의 단어는 각각의 구성 요소들이 문장에서 독자적으로 쓰일 수 있는 형태끼리의 결합으로 되어 있다. 한국어의 단어도 이와 동일한 형태로 이루어져 있다.

❸	하늘, 바람, 가다, 먹었다

❹	ㄱ. 맏아들, 햇밤, 먹이, 높이 ㄴ. 꽃밭, 마소, 소나무

❸의 단어 '하늘, 바람, 가다, 먹다'는 모두 하나의 형태소로만 이루어졌다. 더 이상의, 즉 '하+늘', '바+람' 등의 분석은 '하늘'과 '바람'이라는 단어의 의미를 상실하게 한다.

그러나 ❹는 ❸과 달리 다음과 같이 두 형태소의 결합으로 구성되어 있다.

❺	ㄱ. 맏+아들, 햇+밤 / 먹+이, 높+이 ㄴ. 꽃+밭, 말+소, 솔+나무

❺의 단어들은 그 구성 형태소의 수가 둘이라는 점에서 공통성을 갖는다. 그러나 이들 사이에도 구성 요소의 기능이 다르다는 차이가 나타난다. (❺ㄱ)은 형식 형태소인 '접사'(接辭 : affix)가 결합한 반면, (❺ㄴ)은 접사 없이 실질 형태소인 두 개의 어근으로만 결합되어 있다.

이처럼 형태소 배합에 의하여 형태론적 구성을 이루는 데는 여러 가지가 있다. 영어나 한국어 단어의 형태소 배합 구조는 위에서 살핀 바처럼 크게 '단순 구조'와 '복합 구조'로 구분된다. 단순 구조는 하나의 실질 형태소로 이루어지며, 복합 구조는 둘 이상의 형태소 결합으로 이루어진다. 다시 복합 구조는 접사를 포함하는 '파생어'(派生語 : derived word)와 어근만으로 이루어진 '합성어'(合成語 : compound word)로 나누어진다. 이를 종합하면 다음과 같다.

- 단어
  - 단일어 : 하나의 어근으로 된 단어
  - 복합어
    - 파생어
      - 접두 파생어 : 접사+어근 구조의 단어
      - 접미 파생어 : 어근+접사 구조의 단어
    - 합성어 : 둘 이상의 어근으로 된 단어

3 파생법에 의한 단어의 형성

복합어 중 어근과 접사가 결합한 단어를 파생법에 의한 단어 형성이라 한다. 접사의 위치에 따라 접두 파생법과 접미 파생법으로 나누어진다.

1. 접두 파생법

어근의 앞에 오는 접두사는 어근의 품사를 바꾸지 못하고, 어근의 의미만 한정할 뿐이다. 이런 특징으로 접두사를 '한정적 접사'라고도 한다.

- '맨' : '발-맨발', '손-맨손', '몸-맨몸'   → 명사-명사
- '들' : '볶다-들볶다', '쑤시다-들쑤시다', '끓다-들끓다'   → 동사-동사
- '드' : '넓다-드넓다', '높다-드높다', '세다-드세다'   → 형용사-형용사

> ※ 접두사 '해/햅/햇'이 결합할 수 있는 단어를 찾아보자. 그리고 접두사 '새/시/샛'이
>   결합한 단어들의 용례에서 이들의 결합 규칙에 대해 알아보자.

- '해' • 밤, 고구마, 감자
- '햅' • 쌀
- '햇' • 콩, 팥, 쑥

- 새까맣다, 새카맣다, 새빨갛다, 시꺼멓다, 시뻘겋다, 시뿌옇다, 샛말갛다,
  샛노랗다,

→

---

2. 접미 파생법

어근의 뒤에 오는 접미사(接尾辭)는 어근의 품사를 바꾸기도 하고, 어근의 의미만
한정하기도 한다. 이런 특징으로 접미사를 '지배적 접사'라고도 한다.

❶ 명사 파생법

- 목+아지 > 모가지, 집+웅 > 지붕, 꼴+악서니 > 꼬락서니 → 어휘적
- 묻(다)+음 > 물음 / 높(다)+이 > 높이 / 깜빡+이 > 깜빡이 → 통사적

❷ 동사 파생법

- 남(다)+기+다 > 남기다, 먹(다)+이+다 > 먹이다 → 어휘적
- 위반+하다 > 위반하다 / 낮(다)+추다 > 낮추다 / 깜빡+이다 > 깜빡이다 → 통사적

❸ 형용사 파생법

- 넓(다)+적하다 > 넓적하다, 높(다)+다랗다 > 높다랗다 → 어휘적
- 가난+하다 > 가난하다 / 놀라(다)+ㅂ니다 > 놀랍다 / 새+롭다 > 새롭다 → 통사적

❹ 부사 파생법

- 정말+로 > 정말로, 맞(다)+우 > 마주, 많(다)+이 > 많이 → 통사적

❺ 조사 파생법

- 밖+에 > 밖에, 붙(다)+어 > 부터, 좇(다)+아 > 조차

알/아/보/기 — 접사 '-(으)ㅁ-'

> 돼지가 나오는 ①꿈을 ②꿈은 행운이다.

1. '꿈'(①)과 '꿈'(②)의 구조적 공통성은 무엇인가?
2. '-(으)ㅁ'은 명사 파생 접사와 명사형 어미로 기능한다. '꿈'(①)과 '꿈'(②)를 중심으로 그 기능적 차이에 대해 알아보자.

4 합성법에 의한 단어의 형성

복합어 중 어근과 어근이 결합한 단어를 합성법에 의한 단어 형성이라 한다. 어근의 결합 방식에 따라 그 종류가 나누어진다.

1. 통사적 합성어/비통사적 합성어

통사적 합성어는 두 어근의 결합 방식이 한국어의 일반적인 단어 배열법과 같은 합성어이다.

일반적 단어 배열	예시	통사적 합성어
① 명사+명사	시장 거리, 백두산 높이	손발, 밤낮, 집집
② 관형사+명사	새 책, 헌 집	새해, 이것, 온종일
③ 용언의 관형사형+명사	다른 옷, 넓은 마당	어린이, 날짐승
④ 부사+용언	빨리 뛰자, 길이 보전	앞서다, 잘하다
⑤ 어간+연결어미+어간	앉아 있다, 서 있다	돌아가다, 들어가다

한국어 문장에서 ①부터 ⑤까지의 단어 배열은 문법적(통사적)이다. 따라서 이러한 배열 규칙에 따라 만들어진 합성어 역시 통사적이다. ①~③은 명사, 관형사, 용언의 관형사형이 후행하는 명사를 수식하는 것으로 한국어의 전형적인 통사 구조이다. 특히 ③의 합성어 '어린이'는 형용사 '어리다'의 어간 '어리'와 관형사형 어미 '-ㄴ'이 결합해 '사람'의 의미를 지닌 의존 명사 '이'를 수식하는 구조이다. ④는 부사의 용언 수식이 한국어의 특징이기에 이러한 방식으로 합성한 단어 또한 문법적이다. ⑤는 용언 어간은 연결 어미를 매개로 또 다른 어간과 결합한다는 원칙을 따른 예로 통사적 합성어에 해당한다.

비통사적 합성어는 두 어근의 결합 방식이 한국어의 일반적인 단어 배열법에 일치하지 않는 합성어이다. 비통사적 합성어는 통사적 합성어의 ③과 ④ 그리고 ⑤ 유형에서 잘 나타난다.

일반적 단어 배열	일반적 문장	비통사적 합성어
③ 용언의 관형사형+명사	늦은 잠, 감은 발	늦잠, 감발
④ 부사+용언	선들 분다	선들바람
⑤ 어간+연결 어미+어간	검고 붉다, 굶어서 주리다	검붉다, 굶주리다

용언은 관형사형으로 활용하여 명사를 수식할 수 있다. 그러나 용언 어간 '늦'이 명사 '발'을 직접 수식하는 것은 비통사적이다. 부사가 용언을 수식하는 것 또한 한국어의 보편적인 규칙이다. 그러나 '선들바람'과 같이 부사 '선들'이 명사 '바람'을

수식하는 구조는 비통사적 구성이다. 마지막으로 연결 어미를 매개로 하지 않은 어간끼리의 결합은 비통사적 방법에 해당한다.

🧊 **알/아/보/기―합성어와 구의 구별**

1. A형(큰 형, 작은 형)과 B형(큰형, 작은형)의 차이를 알아보자.
2. A형과 B형의 단어 구성이 들어가는 문장을 생성해보자.

- A형 {

- B형 {

3. A형과 B형의 단어가 지니는 의미 차이와 띄어쓰기의 차이는 무엇인가?

2. 합성어의 종류

합성법에 의해 생성되는 합성어는 그 품사에 따라 합성 명사, 합성 동사, 합성 형용사, 합성 부사로 나눌 수 있다. 그리고 같은 말 또는 비슷한 말이 반복되어 이루어진 '반복 합성어'가 있다.

❶ 합성 명사

통 사 적	명사+명사	논밭, 마소/집터, 길바닥/밤낮
	동사의 명사형+명사	비빔밥, 디딤돌, 지름길
	관형사+명사	새마을, 새언니, 이것, 이분
	용언의 관형사형+명사	큰집, 작은집, 빈주먹
비통사적	용언 어근+명사	늦더위, 감발
	부사(의태부사)+명사	부슬비

91

통사적 합성 명사 중 '명사+명사' 구조의 합성어는 두 명사가 대등한 자격으로 결합하는 경우(논밭, 마소), 앞 명사가 뒤 명사를 수식, 한정하는 경우(집터, 길바닥), 두 단어의 결합으로 새로운 의미를 지니는 경우(춘추=나이, 밤낮=늘)가 있다. 그리고 '비빔밥, 디딤돌, 지름길'은 동사 '비비다, 디디다, 지르다'의 명사형 '비빔, 디딤, 지름'과 '밥, 돌, 길'이 결합한 합성어이다. '관형어+명사'에 의한 합성 명사는 관형사 '새, 이'와 명사 '마을, 언니, 것, 분'의 결합으로 생성되거나 용언의 관형사형 '큰, 작은, 빈'과 명사 '집, 주먹'의 결합으로 생성된다.

※ 단어 '먹을거리'와 '먹거리'는 모두 표준어로서, 이들의 단어 형성 원리에 대해 탐구해보자.

1. 사전적 정의
- 먹을거리[머글꺼리] [명사] 먹을 수 있거나 먹을 만한 음식 또는 식품.
- 먹거리[먹꺼리]   [명사] 사람이 살아가기 위하여 먹는 온갖 것.

2. 두 단어의 구조 { 먹을거리 :

먹거리 :

3. 두 단어의 구조 분석 결과 파생어인가 합성어인가? 그 이유는 무엇인가?

4. 두 단어를 합성어의 유형으로 분류할 때 차이점은 무엇인가? 그 이유는 무엇인가?

비통사적 합성 명사 중 용언의 어근이 명사를 수식하는 구조는 한국어의 일반적인 단어 배열법이 아니며, 첩어(疊語)성을 상실한 의태 부사가 명사와 결합하는 방식 또한 일반적이지 않다.

❷ 합성 동사

통 사 적	주어+서술어	힘들다, 빛나다, 겁나다
	목적어+서술어	본받다, 힘쓰다, 공부하다
	부사어+서술어	앞서다, 뒤서다, 벗삼다
	어간+연결 어미+어간	들어가다, 먹어가다, 돌아가다
비통사적	어간+어간	굶주리다, 오가다, 돌보다

통사적 합성 동사 중, 주어와 서술어의 결합에 의한 합성어는 '힘(이)들다, 빛(이) 나다, 겁(이)나다'의 구성에서 주격 조사가 생략된 것이다. 목적어와 서술어의 결합에 의한 합성어는 목적격 조사가 생략되었으며, 부사어와 서술어의 결합에서는 부사격 조사가 생략되었다. 그리고 두 동사의 어간이 연결 어미를 매개로 하여 결합하는 합성 동사도 통사적 합성법에 속한다.

❸ 합성 형용사

통 사 적	주어+서술어	손쉽다, 철없다, 값싸다
	부사어+서술어	남(과)다르다, 눈(에)설다
	어간+연결 어미+어간	깍아지르다, 게을러빠지다
비통사적	어간+어간	굳세다, 높푸르다

통사적 방법의 합성 형용사 중, 주어와 서술어 그리고 부사어와 서술어가 결합한 합성어는 주격, 부사격 조사가 생략된 형태이다. 합성 형용사 '깍아지르다'와 '게을러빠지다'는 연결 어미를 매개로 하는 통사적 합성어이며, '굳세다, 높푸르다'는 연결 어미가 빠진 비통사적 합성어이다.

❹ 합성 부사

명사+명사	밤낮
관형사+명사	한바탕, 온종일, 어느덧
관형사형+의존명사	이른바, 이를테면
부사+부사	곧잘, 잘못

합성 부사를 생성하는 어근과 어근의 결합 방식은 모두 한국어의 정상적인 단어 배열법과 일치한다. 따라서 합성 부사는 모두 통사적 합성법에 해당한다.

❺ 반복 합성어

명사 합성	명사+명사	집집, 사람사람
부사 합성	명사+명사 수사+수사 의성, 의태 부사	구석구석, 도막도막 하나하나, 몇몇 철썩철썩, 울긋불긋

반복 합성어는 동일하거나 비슷한 어근이 반복하여 결합한 구조로 '첩어'의 성격을 지닌다. 합성 명사보다 합성 부사에서 더 생산적인 모습을 보인다.

3. 합성어의 파생

두 어근의 결합으로 이루어진 합성어는 다시 접미사가 붙어 파생이 되기도 한다. 이를 '합성어의 파생'이라 한다.

통사적 합성어의 파생	해돋이, 품갚음, 팽이치기
비통사적 합성어의 파생	나들이, 여닫이
반복 합성어의 파생	다달이, 틈틈이

이처럼 어떤 구조를 구성하고 있는 1차적 성분을 그 구조의 '직접 성분'이라 한다. 이는 단어의 형성 과정을 파악함에 있어 유용한 기준이 된다. 다음 실례를 보기로 하자.

	시부모	귀걸이
1차 직접 성분 분석	시 + 부모 (접사) (어근)	귀 + 걸이 (어근) (어근)
2차 직접 성분 분석	부 + 모 (합성어)	걸 + 이 (파생어)

이러한 직접 성분 분석에 따르면 '시부모'는 합성어의 파생에 해당하며, '귀걸이'는 파생어의 합성에 해당함을 쉽게 구별할 수 있다.

4. 어근의 변화

두 어근이 만나 합성어를 형성할 때, 어근 모습이 달라지는 경우가 있다. 이러한 현상은 접사와 어근이 결합하는 파생어에서도 일어난다.

	용례	변화
파생어	바늘 + 질 → 바느질 걷 + 음 → 걸 음	어근(바늘) 받침 'ㄹ'의 탈락 어근(걷) 받침 'ㄷ'의 'ㄹ' 변화
합성어	초 + 불 → 촛 불 머리 + 가락 → 머리카락 솔 + 나무 → 소나무 이틀 + 날 → 이튿날	어근(초)의 사이시옷 첨가 어근(가락)의 'ㅎ' 덧생김 어근(솔)의 'ㄹ' 탈락 어근(이틀)의 'ㄷ' 변화

접미사 '질'과 '음'은 어근 '바늘'과 '걷(다)'의 뒤에 결합하여 파생어를 형성시키고 있다. 이때 어근의 형태가 달라지는 것을 알 수 있다. 또한 합성어를 형성하는 과정에서도 한 어근의 형태가 달라짐을 확인할 수 있다.

알/아/보/기

1. '할아버지'의 어원에 대해 알아보자.

2. 설+달 > □□, 이틀+날 > □□□, 술+가락 > □□□

5. 한자어 단어 형성법

한자는 글자 하나하나가 뜻을 지니고 있는 형태소이다. 따라서 다음에서 보는 바와 같이 다른 한자와의 결합에 의한 조어력이 강하다.

❶, ❷와 같이, 한자어 '가'(家)는 다른 한자의 앞과 뒤에 놓여 새로운 단어를 만들수 있다. 또한 ❸에서는 '예술, 사상, 작곡'이라는 독자적인 단어 다음에 놓여 또 다른 단어를 만들기도 한다.

한자어 단어 형성의 독특한 점은 한문 문장 구성법과 일치하는 '서술어+목적어'와 '서술어+부사어'에 해당하는 종류가 많다는 것이다.

서술어+목적어	독서(讀書) : 책을 읽다. 구직(求職) : 직장을 구하다.
서술어+부사어	하산(下山) : 산에서 내려오다. 승차(乘車) : 차에 오르다.
주 어+서술어	일출(日出) : 해가 떠오르다. 야심(夜深) : 밤이 깊다.
부사어+서술어	북송(北送) : 북으로 보내다. 과용(過用) : 과하게 쓰다.
수식어+피수식어	국보(國寶) : 나라의 보물. 고분(古墳) : 옛날 무덤.

한문 문장 구성법을 따르는 '서술어+목적어' 구조의 한자어를 풀이하면 우리말의 '목적어+서술어' 구조가 된다. '서술어+부사어'의 구조를 보이는 한자어는 우리말 '부사어+서술어'로 풀이된다.

한자어의 단어 형성 과정에서 일어나는 음운의 교체 현상이 고유어와 다르며, 규칙적이지 않다는 특징이 나타난다. 한자어 'ㄹ' 받침 뒤의 'ㄷ, ㅅ, ㅈ'이 불규칙하게 탈락하고 있다.

고유어	'ㄹ' + 'ㄷ, ㅅ, ㅈ' → 'ㄹ' 탈락	열+닫 〉여닫, 말+소 〉마소, 쌀+전 〉싸전
한자어	'ㄹ' + 'ㄷ, ㅅ, ㅈ' → 불 규 칙	절+단 〉절단, 일+시 〉일시, 열+중 〉열중
		불+단 〉부단, 불+실 〉부실, 불+재 〉부재

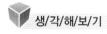 생/각/해/보/기

※ 단어 '지킴이'는 '관리자'의 의미로 '지키다'의 명사형 '지킴'과 의존 명사 '이'가 결합한 구조이다. 이를 바탕으로 ①과 ②의 표기에 대해 알아보자.

대상어	① 도우미 / 도움이	② 돌보미 / 돌봄이
표준어	도우미	볼봄이
사전 등재 여부	사전에 등재된 단어, 특수 용법	사전에 등재되지 않음
용어 유래	"행사 안내를 맡거나, 남에게 봉사하는 요원. 1993년 대전 엑스포에서 처음 쓴 말이다."와 같이 뜻풀이 되어, "표준국어대사전"에 실려 있는 '도우미'는, 이 말이 처음 만들어질 당시, 그 지칭 대상이 아름다운 젊은 여성들이라는 점을 감안하여 아름다울 '미(美)'를 염두에 두고 만든 말이라고 합니다. 이에 따르면, '도우미'는 '도움+이'를 소리 나는 대로 쓴 말이라고 하기는 어려울 것입니다. -국립국어원 우리말 바로 쓰기-	—
개인 의견	—	'돌봄이'는 국어사전에 실려 있지 않으므로, 표준어로서의 형태에 대해서는 정확히 판단하기 어렵다. 다만 이것이 '돌보다'의 명사형 '돌봄'과 의존 명사 '이'를 결합하여 만든 것으로 보이고, '지킴이'와 마찬가지로 '돌봄'과 '이'의 뜻을 각각 나타내는 것으로 보이므로, 이러한 단어를 새로이 만들어 쓰고자 한다면, 원형을 밝혀 '돌봄이'와 같이 쓰는 것이 알맞을 것으로 보인다. -국립국어원 우리말 바로 쓰기-

언어의 문장 구조 : 문법론

1. 문법론

형태론이 형태소와 단어를 연구하는 분야였다면 문법론은 어절과 구, 절 그리고 문장 단위를 연구하는 분야이다. 전통 문법에서 문장은 가장 큰 언어 단위이자 문법 단위로서 언어학의 중심적 부분이었다. 지금까지 다루었던 '음운', '음절', '형태소', '단어'를 구성 요소로 하여 문장이 구성되기 때문이다. '문법론'(grammar)은 문장을 구성하는 성분과 문장의 종류 그리고 다양한 문법 범주를 연구하는 것으로, '문장론' 또는 '통사론'이라고도 한다. 언어학의 다른 영역보다 활발한 연구가 진행된 분야인 만큼 다양한 이론으로 전개되고 있다.

1 문법의 종류

언어학이 연구 대상 및 방법에 따라 세분화되듯 언어학의 한 분야인 문법 또한 연구 대상, 태도, 방법 등의 기준에 의해 다양하게 분류된다.

첫째, 문법은 일반 문법과 개별 문법으로 나눌 수 있다. '일반 문법'(一般文法 : general grammar)은 모든 언어의 세부적인 문법 구조는 다르지만, 각 문법에 내재하는 공통되는 원리를 발견하려는 것이다. '개별 문법'(個別文法 : individual grammar)은 개별 언어의 언어적 규칙을 발견함에 그 목표를 둔다. 이들의 관계는 제2강의 일반 언어학과 개별 언어학의 관계와 유사하다.

둘째, 개별 문법은 다시 이론 문법과 규범 문법으로 나눌 수 있다. '이론 문법'(理論文法 : theory grammar)은 개별 언어의 문법 사실을 관찰, 기술하려는 과학 문법이다. '규범 문법'(規範文法 : prescriptive grammar)은 실제의 언어생활에 도움을 주고자

하는 의도로 언어 사용에 있어 정확하고, 적절하게 사용해야 하는 강제적인 규칙 발견에 그 목표를 두는 문법이다. '학교 문법'이 이에 속한다.

셋째, 이론 문법은 다시 '역사 문법, 비교 문법, 기술 문법, 생성 문법'으로 구분할 수 있다. 역사 문법(歷史文法 : historical grammar)은 통시적인 언어 연구 방법에 의하여 문법의 사적 발전을 연구하는 문법이다. 비교 문법(比較文法 : comparative grammar)은 19C 비교 언어학의 탄생과 더불어 발달한 것으로 친근 관계에 있는 동일 계통의 두 언어의 문법을 비교하는 것이다. 기술 문법(記述文法 : descriptive grammar)과 생성 문법(生成文法 : generative grammar)은 기술 언어학과 생성 언어학의 차원에서 문법을 연구하는 분야이다.

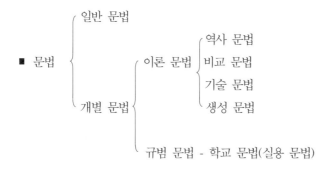

한편, Chomsky(1965)는 문법의 다양성을 떠나 어떠한 개별 문법이든지 세 단계의 타당성을 기준으로 고찰할 수 있음을 강조하고 있다.

첫째, 관찰적 타당성(observational adequacy)이다. 이는 어떤 언어의 문법에 대한 최소한의 필요조건으로, 이 요구 조건도 충족시키지 못하는 문법은 별다른 가치가 없다. 무엇보다도 문법은 한 언어에서 허용하거나 허용되는 모든 문장만을 설명해야 한다. 그 문법이 많은 '적격 문장'(well-formed sentence)을 배제하고 '비적격 문장'(ill-formed sentence)을 포함한다면 아무런 가치가 없다. 이 기본적이고 꽤 분명한 요건을 '관찰적 타당성'이라 한다.

둘째, 기술적 타당성(descriptive adequacy)이다. 이는 관찰적 타당성에서 한 단계

더 나아가 문법적으로 적격한 문장의 음운, 형태, 통사, 의미 구조에 대한 모어 화자의 직관을 원리적으로 기술할 수 있는 단계이다.

● These boys don't like those girls.

예문은 문법적인 문장으로 관찰적 타당성을 획득한 것이며, 이 문장이 기술적인 타당성을 획득하려면 통사론적 구조를 명시할 수 있어야 한다. 즉 'these'가 'boys'를 수식하며, 'those'가 'girls'를 수식하는 등을 명시해야 한다.

셋째, 설명적 타당성(explanatory adequacy)이다. 이는 기술적 타당성보다 훨씬 높은 단계로, 문법 이론이 추구하는 최대 목표이다. 어떠한 문법 이론이 설명적 타당성을 획득하기 위해 갖추고 있어야 할 조건은 '보편적, 제약적' 그리고 '실재적'이어야 한다.(보편성은 모든 언어를 기술할 수 있어야 한다는 조건이고, 제약성은 문법이 인간 언어에만 적용될 수 있도록 최대한도로 제약되어야 한다는 조건이고, 실재성은 언어를 인간 두뇌, 마음의 산물로 간주하고 그러한 언어를 가능하게 하는 신경 생리적 기제를 찾아내 심리적으로 타당한 원리에 바탕을 둔 언어 이론을 발전시켜야 한다는 조건이다.)

이렇게 볼 때 우리가 다룰 문법은 최소한 관찰적, 기술적 타당성은 갖추어야 하며 궁극적으로는 설명적 타당성을 지녀야 한다.(촘스키는 '변형 생성 문법'이 세 가지 타당성을 충족시킬 수 있음을 강조하고 있다.)

1. 문법의 단위

문법의 가장 큰 단위인 문장은 여러 문법 단위들이 계층적으로 결합하고 있다.

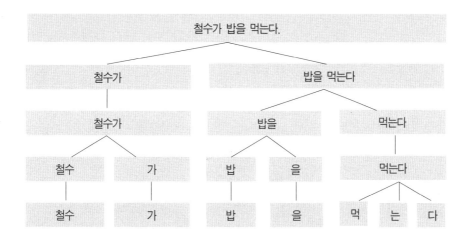

문장은 먼저 명사구(철수가)와 동사구(밥을 먹는다)로 나누어지는데, 한 개의 구조(문장)를 형성하는 두 구성 요소를 '직접 구성 요소'(直接構成要素 : immediate constituent) 또는 '직접 성분'이라 한다.

문장을 직접 성분으로 쪼개어 내려가면, 구와 어절 그리고 다시 단어와 형태소로 분석할 수 있음을 알 수 있다. 동사구 '밥을 먹는다'는 목적어 '밥을'과 서술어 '먹는다'로 구분된다. 따라서 이 문장은 '철수가', '밥을', '먹는다'는 3어절이 결합한 구조이다. 그리고 주어는 명사 '철수'와 주격 조사 '-가', 목적어는 명사 '밥'과 목적격 조사 '-을'이, 서술어는 동사 '먹는다'로 분석된다. 서술어 '먹는다'는 세 개의 형태소로 분석이 가능하다.

언어의 구조를 직접 구성 요소로 분석하는 기준은 '대치'와 '결합'이다. '철수가 밥을 먹었다'는 문장의 주어를 '잘생긴 철수'로, 목적어를 '많은 밥을'로, 서술어를 '빨리 먹는다'로 바꾸더라도 '주어-목적어-서술어'의 문장 구조에는 변함이 없다. 다른 언어와 마찬가지로 영어도 통사 분석의 기본적인 기술은 계속적인 대치와 결합의 과정으로 설명이 가능하다.

[대치]

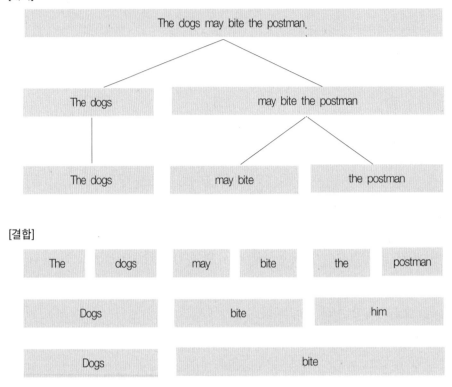

[결합]

| The | dogs | may | bite | the | postman |

| Dogs | bite | him |

| Dogs | bite |

이 문장의 기본 문형을 바꾸지 않고도 'the'와 'dogs'를 'dogs'로 대치할 수 있다. 'may'와 'bite'는 'bite'로, 'the'와 'postman'은 'tom'과 'him'으로 대치할 수 있다. 'may bite the postman'은 다시 'bite' 한 단어로 대치할 수도 있다. 이 과정을 거꾸로 밟아 올라가면 작은 언어 단위들이 결합한 복잡한 문장으로 확대시킬 수도 있을 뿐만 아니라, 문장의 통사 구조를 다루는 데 기초가 된다.

2. 문장 성분

문장의 기본 골격은 주어와 서술어이다. 그리고 서술어의 성질에 따라 목적어, 보어 등의 필요한 요소들을 갖추고 있다.

	기본 문형	확장 문형
동 사 문	무엇이 <u>어찌한다</u>.	무엇이 <u>무엇을</u> 어찌한다.
		무엇이 <u>무엇이</u> 된다.
형용사문	무엇이 <u>어떠하다</u>.	
명 사 문	무엇이 <u>무엇이다</u>.	무엇이 <u>무엇이</u> 아니다.

문장을 구성하는 띄어쓰기의 마디가 문법 단위 '어절'이며, 어절은 문장 성분이다. 문장을 구성하는 성분에는 '주성분', '부속 성분', '독립 성분'이 있다.

1 국어의 주성분은 문장 구성에 반드시 필요한 요소로, '주어, 서술어, 목적어, 보어' 가 이에 속한다.

주어(主語)는 기본 문형인 '무엇이 어찌한다, 무엇이 어떠하다, 무엇이 무엇이다' 에서 '무엇이' 자리에 놓일 수 있는 요소로, 문장의 주체가 되는 성분을 가리킨다. 서술어(敍述語)는 기본 문형에서 '어찌한다, 어떠하다, 무엇이다'의 자리에 놓일 수 있는 성분으로, 주체에 대한 작용, 상태 등을 표현하는 성분이다.

> ※ 서술어는 완전한 문장을 이루기 위해 필요한 문장 성분을 갖추어야 하며, 필요로 하는 문장 성분의 개수는 서술어의 종류에 따라 달라진다. 이와 관련한 개념이 '서술어의 자릿수'이다. 이에 대해 알아보자.

> 1. 정의 :
>
> 2. 종류 :
>
> 3. 다음 서술어의 자릿수에 대해 설명해 보자.
>   - 철수가 도서관에서 <u>공부한다</u>.
>   - 철수가 식당에서 밥을 <u>먹는다</u>.
>   - 철수가 영희에게 꽃을 <u>주었다</u>.
>
> 4. 다음 밑줄 친 서술어 '놀다'의 차이에 대해 설명해보자.
>   - 아이들이 운동장에서 <u>논다</u>.
>   - 아이들이 운동장에서 윷을 <u>논다</u>.

목적어(目的語)는 타동사의 행위 대상이나 내용을 나타내는 문장 성분이다. 보어 (補語)는 서술어의 불완전한 의미를 보조하기 위해 보충되는 성분으로, 현행 학교 문법에서는 동사 '되다', 형용사 '아니다'에 앞에 오는 요소를 가리킨다.

2 국어의 부속 성분은 주성분과 달리 이웃하는 성분의 의미를 한정하거나 수식하기 위한 수의적 성분으로, 관형어와 부사어가 해당한다.

❶	ㄱ. 새 옷을 입었다. ㄴ. 토끼가 빨리 달리다.

예문의 '새'는 체언 '옷'을 수식하고, '빨리'는 서술어 '달리다'를 수식하고 있다. 관형어는 한 문장에 겹쳐 쓰일 수 있는데, 다음과 같이 '지시 - 수량 - 성상' 관형어의 순으로 나타난다.

❷	ㄱ. 저 높은 건물을 보아라. ㄴ. 두 예쁜 강아지가 잠을 잔다. ㄷ. 저 두 높은 건물(예쁜 강아지)을 보아라.

부사어는 관형어와 함께 부속 성분으로서 수의적인 요소이다. 그럼에도 불구하고 일부 서술어는 부사어를 필수적으로 요구하기도 한다.

❸	ㄱ. 물이 얼음으로 변하다. ㄴ. 이 그림은 실물과 같다 ㄷ. 나는 편지를 우체통에 넣다.

❸의 '변하다'는 '체언+(으)로'로 된 부사어를, '같다'는 '체언+와/과'로 된 부사어를, '넣다'는 '체언+에'로 된 부사어를 필수적으로 요구한다.

③ 국어의 독립 성분은 문장의 다른 성분과 직접적인 관련이 없는 성분으로, 독립어가 이에 해당한다. '철수야, 밥 먹어라'의 부름말인 '철수야', 질문에 대답하는 '예/아니오' 그리고 문장 제시어(청춘!), 접속어(그리고, 그러나 등), 감탄사(아아, 아이구 등) 등이 속한다.

2 문장의 구조

문장은 주어와 서술어의 관계가 한 번으로 이루어진 '홑문장'과 홑문장이 이어지거나 하나의 문장이 다른 문장 속에 안기는 '겹문장'으로 나누어진다.

1. 겹문장의 개념 및 유형

우리는 지금까지 주어와 서술어가 한 번으로 이루어진 문장(❶)을 다루어 왔다. 그러나 주어와 서술어가 한 번 이상으로 이루어진 복잡한 문장(❷)도 있다.

| ❶ | ㄱ. 영희가 빵을 먹다.
ㄴ. Tom played tennis. |

⬇

| ❷ | ㄱ. 영희가 빵을 먹고, 철수가 떡을 먹는다.
ㄴ. Tom played tennis and Peter went fishing. |

예문 ❶을 '홑문장', '단문'이라 함에 반해 ❷를 '겹문장', '복문'이라 한다. ❷의 겹문장은 두 개의 홑문장을 잇는 방법으로 생성할 수 있다. 겹문장은 예문 ❸과 같이 하나의 문장이 다른 문장 속에 안기는 방법으로도 생성된다.

| ❸ | ㄱ. 빵을 먹은 영희가 도서관에 갔다. |
| | ㄴ. The dog <u>that mad</u> may bite the postman. |

한편, 문장 안에 특정한 성분으로 안긴 문장 안에 또 다시 다른 문장이 안기면서 더 복잡한 문장 구조를 생성할 수도 있다. 한 문장에서 복잡한 문장 구조로 확대되는 과정을 시각적으로 나타내면 다음과 같다.

| ❹ | The rumour worried the public. + The dinosaur had escaped. |

| ❺ | The rumour *that the dinosaur had escaped* worried the public. |

예문 ❺는 주어 'The rumour'와 서술어 'worried' 그리고 목적어 'the public'으로 이루어진 기본 문장에 'that'절(the dinosaur had escaped)이 안기면서 겹문장으로 확대되었다. 그리고 예문 ❺가 또 다른 문장의 성분으로 안기면서 예문 ❻의 더 복잡한 문장으로 확대되었다.

| ❻ | The fact {that The rumour [that the dinosaur had escaped] worried the public} is not surprising. |

이와 같이 내포는 무한히 긴 문장 구조를 생성하는 대표적인 방법이다.

2. 문장 속의 문장

둘 이상의 홑문장이 결합하여 더 큰 문장으로 확대될 때, 한 문장이 다른 문장 속의 한 성분으로 안길 수 있는데 이를 '절'(節)이라 한다. 절에는 '명사절, 서술절, 관형절, 부사절, 인용절'이 있다.

1 명사절(名詞節)은 명사 구실을 하는 절로, 한 문장의 서술어에 명사형 어미 '-(으)ㅁ'이나 '-기', 또는 의존 명사 '것'이 결합하여 형성된다.

❶	ㄱ. <u>철수가 힘든 일을 했**음**</u>이 분명하다.
	ㄴ. 나는 <u>철수가 성실한 학생**임**</u>을 알았다.

예문 (❶ㄱ)은 명사절, '철수가 힘든 일을 했음이'가 주어로, (❶ㄴ)은 명사절, '철수가 성실한 학생임을'이 목적어로 기능하고 있다. 밑줄 친 문장의 서술어에 명사형 어미 '-(으)ㅁ'이 결합하였음을 주목해야 한다.(이 외에 '-기'에 의한 명사절, '영희가 빨리 회복되기를 바란다', '-것'에 의한 명사절, '철수가 밥을 먹은 것이 사실인가?'도 있다).

2 관형절(冠形節)은 관형어의 구실을 하는 절로, 종결형으로 끝난 문장에 관형사형 어미가 결합하여 뒤의 체언을 꾸민다.

❷	ㄱ. <u>철수가 합격을 했다**는**</u> 소식이 놀라웠다.
	ㄴ. 도서관에는 <u>공부를 하**는**</u> 학생들로 가득하다.

예문 ❷의 '철수가 합격을 했다'와 '공부를 하다'는 체언 '소식'과 '학생'을 꾸미는 관형어의 역할을 한다. (❷ㄱ)의 밑줄 친 부분은 주-술 구조를 갖춘 절의 형식임이 분명함에 반해 (❷ㄴ)의 밑줄 친 부분은 주어가 생략되어 절의 형식이 잘 드러나지 않는다. 왜냐하면 바로 뒤의 '학생'이 관형절의 주어이기 때문이다.(전자와 같이 한 문장의 성분을 온전히 갖춘 관형절을 '동격 관형절'이라 하고, 후자와 같이 관형절의 수식을 받는 체언이 관형절의 한 성분이 되는 관형절을 '관계 관형절'이라 한다).

3 부사절(副詞節)은 부사어의 구실을 하는 절로, 서술어에 부사형 어미 '-이, -게, -(아)서, -도록' 등이 결합하거나 용언에서 파생된 부사 '없이, 같이, 달리, 몰래' 등의 파생 부사가 서술어로 쓰인다.

③	ㄱ. 땀이 <u>비 오듯이</u> 흐른다. ㄴ. 비가 <u>소리도 **없이**</u> 내린다.

4 인용절(引用節)은 독립적인 문장에 인용 조사 '-라고, -고'가 붙어 다른 문장에 안긴 절이다.

④	ㄱ. 그는 "<u>영희야</u>"<u>라고</u> 불렀다. ㄴ. 그는 <u>영희가 착하다</u>**고** 칭찬하였다.

예문 **4**의 밑줄 친 두 인용절은 성격에 차이가 있다. (**4**ㄱ)이 직접 인용인 반면 (**4**ㄴ)은 간접 인용이다. 한편 문장에 동사 '하고'를 결합하여 직접 인용하기도 하는데, 이때는 띄어쓰기에 주의해야 한다.

4'	ㄱ. 그는 "<u>영희야</u>"**하고** 불렀다. ㄴ. 그는 "<u>영희야</u>" **하고** 불렀다.

예문 (4'ㄱ)의 '하고'는 동사로 띄어 써야 한다. 따라서 (4'ㄴ)이 바른 표기이다. 그리고 '라고'는 조사이기 때문에 앞말에 붙여 써야 한다.

5 서술절(敍述節)은 문장에서 서술어의 구실을 하는 절로, 다른 절과 달리 특별한 표지가 붙지 않는다.

⑤	ㄱ. 코끼리는 <u>코가 길다</u>. ㄴ. 토끼는 <u>앞발이 짧다</u>.

예문 **5**의 주어는 '코끼리는', '토끼는'이며, 서술어는 '코가 길다'와 '앞발이 짧다'이다. 그런데 서술어가 '어찌하다, 어떠하다, 무엇이다'처럼 단순하지 않고 주어(코가, 앞발이)와 서술어(길다, 짧다)가 결합한 절의 모습을 지니고 있다.

※ 다음은 문장 구조의 짜임새를 나타낸 것이다. 빈칸을 채워보자.

```
■ ┬ 홑문장
  │        ┌ 안긴 문장  - □□□, □□□, □□□, □□□, □□□,
  └ 겹문장 ┤
           │              ┌ 대등적
           └ 이어진 문장 ┤
                          └ 종속적
```

3. 이어진 문장

둘 이상의 문장들이 연속적으로 이어져 더 큰 문장을 이루기도 한다. 이때 이어지는 두 문장은 각각의 절이 된다. 문장의 연결 관계에 따라 '대등적으로 이어진 문장'과 '종속적으로 이어진 문장'으로 구분한다.

❶ ㄱ. 여름이 가고 가을이 온다.
  ㄴ. 그는 도서관에 가려고 집을 나섰다.

예문 ❶은 두 문장이 이어진 문장이다. 그러나 이어지는 방식에 차이가 나타난다. 즉 (❶ㄱ)의 두 문장은 서로 대등한 관계로 이어진 반면 (❶ㄴ)은 두 문장은 종속적인 관계로 이어졌다. 결국 두 문장을 대등적으로 연결하는 어미('-고, -며, -(으)나, -지만' 등)가 쓰이느냐 종속적으로 연결하는 어미('-어(서), -(으)니까, -(으)면, -(으)ㄹ수록, -려고' 등)가 쓰였느냐가 중요하다.(대등적으로 이어진 문장은 앞, 뒤의 문장을 바꾸어도 뜻이 통하지만 종속적으로 이어진 문장은 그렇지 않다. 왜냐하면 뒤의 사건이 앞의 사건에 영향을 받기 때문이다.)

한편 접속 조사 '-와/-과'에 의해 두 문장이 이어지기도 하는데, 단어와 단어가 이어지는 문장 구조와 구별에 유의해야 한다.

❷ ㄱ. <u>철수와 순희는</u> 부산으로 떠났다.
ㄴ. <u>철수와 순희는</u> 도서관에서 만났다.

예문 ❷의 주어는 동일하다. 그러나 문장 구조는 전혀 다르다. (❷ㄱ)의 주어부는 서술부를 각각 지배하고 있다. 즉 '철수는 부산으로 떠났다.'와 '순희는 부산으로 떠났다.'는 두 문장으로 분석이 가능하지만 (❷ㄴ)은 불가능하다. 따라서 (❷ㄴ)의 주어부는 단어와 단어의 단순한 연결에 불과하다.

2. 변형 생성 문법

언어학은 전통주의 언어학과 구조주의 언어학의 시대를 지나 오늘날 변형 생성 언어학으로 발전하였다. 변형 생성 언어학은 전통 및 구조주의 언어학과 다른 언어 자료를 대상으로 문법의 규칙을 설명한다.

구조주의 언어학은 언어의 실제 발화 및 원문만을 연구 대상으로 삼는다. 따라서 특정 언어 자료에 대한 기술은 가능하지만 그 자료를 벗어나는 기술은 무시되었거나 배제되었다. 이는 연구자가 선택한 언어 자료에만 한정된 기술로 종합적 기술에서 벗어난 것이다. 변형 생성 언어학은 연구 대상의 자료가 아무리 방대하더라고 한정된 문법 유형으로 기술할 수 있음을 전제한다. 따라서 언어 연구의 대상은 연구자가 자의적으로 고른 문장이 아니라 화자의 잠재적 언어 지식, 즉 언어 능력이다. 변형 생성 언어학자는 무한한 문장의 생성이 무한한 문법 규칙에 의한다고 생각하지 않았으며, 유한한 문법의 규칙에 의해 무한한 문장을 생성할 수 있다고 생각하였다.

구조주의 언어학은 "원문의 언어 자료에서 찾은 문법 모형이 언어의 다른 형식에로도 확대될 수 있는가?"라는 판단이 전적으로 독자의 능력에 맡겨지기 때문에 명시적인 규칙을 세울 수 없다. 반면 변형 생성 언어학은 해당 언어의 가능한 문장이 어떤 것인가를 명시적으로 밝히는 것을 목표로 한다.

	구조주의 언어학	변형 생성 언어학
연구 대상	발음의 자료체	문장을 만들고 이해하는 방법에 대한 화자의 지식과 그의 언어 능력
연구 목적	자료체 요소들의 분류	문장 형성에 잠재한 문법 규칙의 상술
연구 방법	발견 과정	평가 과정

1 변형 생성 문법의 목표

문법은 체계를 이루고 있는 언어 요소의 명시적인 규칙을 나타낸 것으로, 각 언어를 사용하는 개별 모어 화자들의 언어에 대한 지식을 총망라해야만 한다. 결국, 문법은 문장 구조의 기술과 함께 비문법적인 문장은 생성하지 않고 오직 문법적인 문장만을 생성하는 규칙이어야 한다.

Chomsky의 변형 생성 문법은 '언어의 보편성'(language universals)을 궁극적인 목표로 삼는다. 변형 생성 문법은 언어의 유사성보다 차이점의 발견에 관심을 가졌던 이전 언어학의 연구 방향을 전환하는 결정적 기여를 하였다.('언어의 보편성'은 모든 언어에 적용되는 문법 규칙을 발견하는 것이며, 문법적인 문장의 생성 원리뿐만 아니라 비문법적인 문장을 제외할 수 있는 원리를 뜻한다).

Chomsky는 언어를 언어 능력과 언어 수행으로 구분하였다. 언어학자의 목표는 모어 화자의 두뇌에 내재화되어 있는 일련의 언어 규칙, 즉 언어 능력을 발견하는 것이라 하였다. 그는 언어 능력의 모델을 '문법'이라 정의하고, 아래와 같이 구분하여 설명하고 있다.

> 문법적 능력(Grammatical competence) : 언어 구조 이론
>
> 화용적 능력(Pragmatical competence) : 언어 사용 이론

촘스키는 언어 사용보다 언어 구조의 연구에 힘을 쏟았기 때문에, 화자의 '화용적' 능력보다는 '문법적' 능력을 밝히는데 집중하였다.

2 언어 능력(문법적)의 직관

모어 화자의 문법적 능력은 음운론, 형태론, 통사론, 의미론의 영역에 내재되어 있고, 화자의 두 가지 직관, 즉 문장의 '적격성'에 대한 직관과 문장의 '구조'에 대한 직관으로 나타난다. 따라서 모어 화자들은 음운론적, 형태론적, 통사론적, 의미론적 언어 능력을 지니고 있으며, 그러한 언어 능력이 음운론적, 형태론적, 통사론적, 의미론적 적격성과 구조의 직관으로 나타난다고 할 것이다.

1. 음운론적 언어 능력

어떤 언어를 모국어로 사용하는 사람은 그 언어의 음운적 실현이 문법적인지 비문법적인지 알 수 있는 두 가지 유형의 직관을 지니고 있다.

가. 음운론적 적격성의 직관

① ㄱ. This is a grammatical sentence.
　 ㄴ. This is a grammatical sentence.

영어의 모어 화자는 강세와 관련한 문법의 직관을 지니고 있어, ①의 강세 패턴에 대한 적격성을 정확히 판단할 수 있다. 즉, 예문 (①ㄱ)의 강세가 적격하지 않고, (①ㄴ)의 강세가 적격함을 직관적으로 판단한다.

나. 음운론적 구조의 직관

② ㄱ. [greid ei]
　 ㄴ. [greidei]

영어의 모어 화자는 [greid ei]와 [greidei]의 발화가 어떤 음운론적 구조를 나타내는지 그리고 어떤 의미를 나타내는지를 직관적으로 알 수 있다. 즉 전자는 [greid+ei]의 음운론적 구조로 'grade A'를 의미하며, 후자는 [grei+dei]의 음운론적 구조로 'gray day'를 의미함을 판단한다.

2. 형태론적 언어 능력

어떤 언어를 모국어로 사용하는 사람은 그 언어의 단어 형성과 구조에 대한 적격성을 판단할 수 있는 두 가지 유형의 직관을 지니고 있다.

가. 형태론적 적격성의 직관

❶	ㄱ. van → vans / can → cans
	ㄴ. man → *mans / men

영어의 모어 화자들은 단어의 복수형이 문법적으로 적격한지 적격하지 않은지를 직관적으로 판단할 수 있다. (❶ㄱ)의 복수형은 '-s'가 첨가한다는 사실을, (❶ㄴ)의 복수형은 모음이 변한다는 것을 아는 직관의 언어 능력이 있다.

나. 형태론적 구조의 직관

❷	ㄱ. over, load, play, work
	ㄴ. overload, overplay, overwork

영어의 모어 화자들은 ❷의 단어들이 어떤 형태론적 구조를 나타내는지 알 수 있는 직관을 지니고 있다. 즉, (❷ㄱ)의 단어가 한 형태소의 단일어이며, 이들이 결합한 (❷ㄴ)의 구조가 예문 ❸임을 판단한다. 이러한 판단은 단어의 형태론적 구조에 대한 직관적인 언어 능력을 지니고 있기에 가능하다.

③ over+(load, play, work) 〉 overload, overplay, overwork

3. 통사론적 언어 능력

한국어 모어 화자는 국어 문장의 적격성과 문장 구조에 대한 적격성을 판단할 수 있는 두 가지 유형의 직관을 지니고 있다.

가. 통사론적 적격성의 직관

❶ ㄱ. 아버지가 거실에서 책을 읽는다.
　 ㄴ. 어제 아버지께서 거실에서 책을 읽으셨다.

한국어 모어 화자는 예문 ❶의 문법적 적격성과 비적격성을 직관적으로 판단할 수 있다. (❶ㄱ)이 한국어의 높임법 규칙을 따르지 않은 반면 (❶ㄴ)은 시제의 호응 및 높임법 규칙에 따른 정문임을 알 수 있는 언어적 직관을 지닌다.

나. 통사론적 구조의 직관

❷ ㄱ. 철수는 빵을 먹고 우유를 마셨다.
　 ㄴ. 빵을 먹은 철수가 우유를 마셨다.

한국어 모어 화자는 예문 ❷의 통사 구조에 대한 언어적 직관을 지니고 있다. (❷ㄱ)이 이어진 문장 구조이고, (❷ㄴ)이 안긴 문장 구조임을 판단할 수 있다. 그리고 예문 ❷의 구성 여소를 다음과 같이 분석할 수 있다.

❷' ㄱ. [　　　　　] 고 [　　　　　]
　 ㄴ. [　　　　　] 은

117

4. 의미론적 언어 능력

한국어 모어 화자는 문장을 구성하는 단어의 의미와 문장 단위의 의미적 적격성을 판단할 수 있는 두 가지 유형의 직관을 지니고 있다.

가. 의미론적 적격성의 직관

❶
ㄱ. 나는 그가 아프다고 <u>생각했지만</u> 그것은 사실이 <u>아니었다</u>.
ㄴ. 나는 그가 아프다고 <u>깨달았지만</u> 그것은 사실이 <u>아니었다</u>.

한국어 모어 화자는 예문 ❶의 의미론적 적격성과 비적격성에 대한 직관을 지니고 있다. 예문 (❶ㄱ)만 의미적으로 타당한 문장임을 아는 것은 화자가 한국어에 대한 의미론적 언어 능력을 지니고 있기 때문이다.

나. 의미론적 구조의 직관

❷
ㄱ. 나는 <u>그가</u> 동아리의 회장임을 알았다.
ㄴ. <u>그가</u> 동아리의 회장을 기다리고 있었다.

한국어 모어 화자는 밑줄 친 성분이 가리키는 의미적 구조가 다름을 직관적으로 알 수 있다. 즉 '그'가 '동아리 회장'을 의미하느냐, 아니냐는 의미적 구조에 대한 언어 능력을 지니고 있다.

따라서 변형 생성 문법에서는 각 모어 화자들이 지니는 언어 능력(음운론적, 형태론적, 통사론적, 의미론적)을 객관적, 명시적으로 밝히는 것을 목표로 한다. 개별 문법을 고안하는 언어학자는 그 언어의 무한 집합의 적격한 문장을 생성할 수 있는 문장형성, 해석, 발음 규칙의 유한한 체계를 형식화하는 것이다.

3 변형(變形)과 생성(生成)

변형 생성 언어학 또는 변형 생성 문법의 핵심적 기제는 바로 '변형'과 '생성'이다. 모든 언어 현상을 변형과 생성으로 설명할 수 있다. 먼저 변형의 개념에 대해 알아보기로 한다.

기존의 문법 체계에서는 한 문장을 여러 구성 요소로 나누고, 그 구성 요소의 차이로 다른 문장과의 관계를 설명해 왔다. 이를테면 다음과 같다.

❶
$$\text{John like} \left\{ \begin{array}{c} \text{-s} \\ \\ \text{-d} \end{array} \right\} \text{Mary.}$$

예문 **❶**은 두 문장, 'John likes Mary'와 'John liked Mary'를 표현하고 있으며, 서술어에 결합한 시제 형태소의 차이로 서로 다른 구조를 띤다고 설명할 수 있다. 그러나 영어에서는 이러한 관계식으로 처리할 수 없는 문장이 많다.

❷
ㄱ. John saw Mary.
ㄴ. Mary was seen by John.

예문 **❷**의 두 문장은 능동문과 피동문의 관계로 맺어졌다. 이들의 관계를 예문 **❶**과 같이 형태소의 단순한 결합 차이로 설명할 수는 없다. 먼저 두 문장의 구조를 기술하면 다음과 같다.

❷'
ㄱ. 주어인 John이 동사 앞에 오고, 목적어인 Mary가 동사 뒤에 온다.
ㄴ. 주어인 Mary가 동사 앞에 오고, John은 동사 뒤에 오며 그 앞에 by를 수반한다.

그러나 ❷'의 기술 방식은 ❷의 두 문장에 한해서는 타당한 설명이 될 수 있겠지만 다른 문장에는 적용할 수 없는 분명한 한계가 존재한다. 만약 문법 기술이 개별 문장에 대한 각각의 기술로 이루어진다면 전적으로 무의미한 것이 되고 말 것이다. 따라서 우리에게 필요한 것은 능동문을 피동문으로 변환시킬 수 있는 보편, 타당한 규칙의 발견이다. 이러한 문제에 대해 개별 문법들은 다음과 같이 명시적인 규칙 체계를 지니고 있어야 한다.

> ❸ 능동문 주어의 위치를 바꾸고, 수동문의 두 번째 명사구 앞에 by를 삽입하는 동시에 능동사를 수동사로 바꾸어야 한다.

Chomsky는 ❸의 이러한 과정을 '변형'(變形)이라 하였는데, 한 문장을 또 다른 문장 구조로 전환시키는 아주 간단한 절차라 할 수 있다. 영어의 변형 규칙은 다음과 같다.

> ❸' ㄱ. NP1 - Aux - V - NP2
> ㄴ. NP2 - Aux+be+en - V - by+NP1

다음은 변형에 따르는 두 번째 특성, 즉 '생성'(生成)에 대해 알아보기로 하자.

'생성한다(generate)'는 것은 어떤 것이 그 언어의 문장이 될 수 있는가를 예언(豫言)한다는 의미로, 그 언어에서 문법적으로 가능한 문장이 어떤 것인가를 정확하게 명시(明示)한다는 것이다.

이는 문법 체계가 어떤 언어에서 일어난 또는 일어날 수 있는 모든 문법적인 문장만을 만들어내야 한다는 뜻으로, 우리가 문법의 규칙과 약정을 따를 때 그 언어의 가능한 문장의 전부 내지 어떠한 문장도 만들어낼 수 있도록 꾸며져야 함을 의미한다.

4 언어의 층위(구조)

변형 생성 문법은 모든 문장을 두 개의 층위(심층 구조와 표층 구조)로 된 구조물로 파악하고 있다. 문장의 '표층 구조'(表層構造 : surface structure)는 구체적이고 실제적인 관찰이 가능한 언어 층위를, '심층 구조'(深層構造 : deep structure)는 추상적이고 이론적인 양상을 띠는 언어 층위를 가리킨다.

---

①
ㄱ. Yesterday it snowed.
ㄴ. It snowed yesterday.

예문 **①**의 두 문장은 동일한 형태소로 구성되어 있다. 그러나 형태소의 위치가 달라지면서 전혀 다른 문장 구조를 나타내고 있다. 이처럼 실제 표현된 개별적인 문장 구조를 '표면 구조'라 한다.

예문 **①**의 표면 구조는 전혀 다르지만 두 문장의 '심층 구조'는 어떻게 될까? 심층 구조는 문장의 의미를 책임지는데 의미 구조가 동일하므로 심층 구조 또한 다를 바 없다. 촘스키는 문장론의 심층 구조가 의미론에 입력이 되며, 문장론의 표면 구조가 음운론의 출력이 된다 하여, 아래와 같이 도식화하였다.

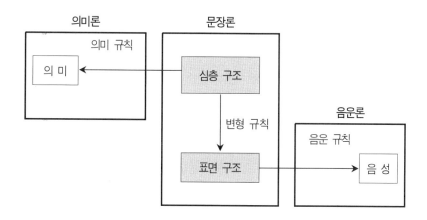

따라서 예문 **❶**은 동일한 심층 구조에 변형의 통사 규칙을 적용하여 표면 구조가 다른 두 문장이 생성된 것이다. 다음과 같이 시각화할 수 있다.

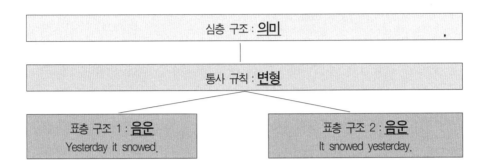

반면, 둘 이상의 심층 구조를 지닌 문장이 변형의 통사 규칙에 의해 하나의 표면 구조를 지닌 문장으로 생성될 수도 있다. 중의성을 띠는 문장의 생성 과정을 살펴 보자.

❷　　　The horse is ready to ride.

예문 **❷**의 실제 표면 구조는 하나지만 이 문장의 심층 구조는 상황에 따라 두 가 지를 상정할 수 있다. 따라서 **❷**는 다음의 과정을 거쳐 생성된 문장이다.

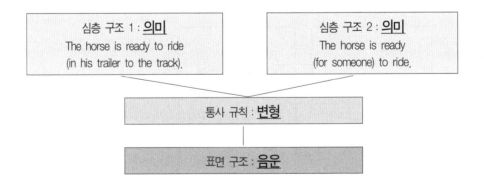

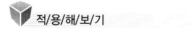

적/용/해/보/기

※ 다음 ❶과 ❷의 표면 구조를 생성하는 심층 구조에 대해 알아보자.

❶
ㄱ. 철수가 영희에게 꽃을 선물했다.
ㄴ. 철수가 꽃을 영희에게 선물했다.
ㄷ. 영희에게 철수가 꽃을 선물했다.
ㄹ. 영희에게 꽃을 철수가 선물했다.
ㅁ. 꽃을 철수가 영희에게 선물했다.

❷ 나는 철수와 영희를 만났다.

❶의 생성 과정

┌─────────────────────────┐
│   │
└─────────────────────────┘
          ↓
┌─────────────────────────┐
│   통사 규칙 : **변형**   │
└─────────────────────────┘
   ↙   ↙   ↓   ↘   ↘
┌────┬────┬────┬────┬────┐
│   │   │   │   │   │
└────┴────┴────┴────┴────┘

❷의 생성 과정

┌───────────┐   ┌───────────┐
│   │   │   │
└───────────┘   └───────────┘
      ↓   ↙
┌─────────────────────────┐
│   통사 규칙 : **변형**   │
└─────────────────────────┘
          ↓
┌─────────────────────────┐
│   │
└─────────────────────────┘

5 변형 생성 문법의 규칙

변형 생성 문법은 '규칙에 입각한'(rule-based) 문법으로, 변형과 생성이라는 두 측

123

면에서 엄격한 형식상의 절차를 요구한다. 특히 문장의 표면 구조는 '구절 구조 규칙'과 '어휘 삽입 규칙'에 의해 생성된다.

1. 구절 구조 규칙(P-S rule)

문장의 통사 구조는 '선형 구조'와 '계층 구조' 그리고 '구성 성분 구조'에 의해 나타난다. 이 세 가지 통사 구조를 모두 포함하는 것이 변형 생성 문법의 '구절 구조 규칙'이다. 이는 다음과 같은 기술적 언명을 형성하고 있다.

> 문장은 명사구와 동사구로 구성될 수도 있다. 동사구는 동사만으로, 또는 동사와 명사구로, 또는 동사와 전치사구로, 또는 동사와 명사구 및 전치사구로 이루어질 수 있다. 전치사구는 전치사와 명사구로 이루어질 수 있다. 명사구는 명사만으로, 또는 형용사와 명사로 또는 한정어와 명사로, 또는 한정어와 형용사 그리고 명사로 구성될 수 있다.

변형 생성 문법의 구절 구조 규칙은 아래의 '다시 쓰기 규칙'으로 이루어진다.

$$A \rightarrow XY$$

구절 구조 규칙은 그 언어의 문법적 문장이 생성될 때까지 하나의 기호를 다른 기호 또는 몇 개의 다른 것으로 고쳐 쓴다. 이는 크게 세 부분으로 구성되어 있고, "왼쪽의 기호나 기호의 집합들을 오른쪽의 기호나 기호의 집합으로 고쳐 써라."는 의미로 해석이 된다.

가. 단문의 구절 구조 규칙

영어의 한 문장, "The man read a book."이 생성되는 구절 구조 규칙의 생성 과정을 살펴보기로 하자.

이 문장 구조는 먼저 명사구와 동사구로 이루어지고, 명사구는 한정사와 명사의 결합으로 그리고 동사구는 동사와 명사구로 구성되어 있다. 이에 따라 다음과 같은 구절 구조 규칙을 생성할 수 있다.

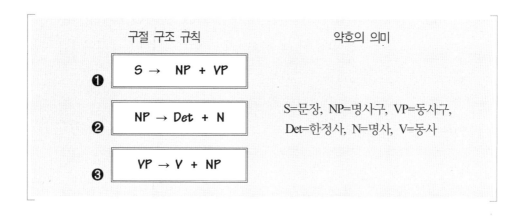

위의 구절 구조 규칙을 선형 구조(문장 구성 요소들이 순차적으로 나열되는 구조)와 계층 구조(문장 구성 요소들이 모여 작은 성분에서 큰 성분으로 커지는 구조)에 따라 나뭇가지의 모양으로 그린 것을 '수형도'(樹型圖)라 한다.

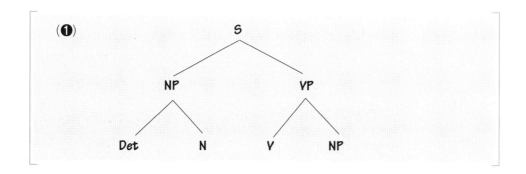

다음은 영어 문장을 형성하는 각 구들의 구조 규칙에 대해 알아보기로 하자.

1 명사구(NP)의 구절 구조 규칙을 생성하기 위해 명사구를 형성하는 모든 언어 자료를 살펴야 한다. 먼저, 다음의 명사구들을 예상할 수 있다.

④	ㄱ. The boy ㄴ. The big boy

명사구 (**④**ㄱ)은 관사와 명사가 결합한 구조이고, (**④**ㄴ)은 (**④**ㄱ)에 명사를 수식하는 형용사가 첨가한 구조이다. 이 때 형용사의 결합은 수의적인 현상이기에 다음과 같은 명사구 규칙을 생성할 수 있다.

④'	NP → Det (AP) N

영어의 명사구는 대명사 'It'으로 대용될 수 있어, 다음의 규칙도 가능하다.

⑤	NP → Pro

따라서 영어의 명사구는 **④'**와 **⑤**의 구절 구조 규칙에 의해 생성된다.

2 동사구(VP)의 구절 구조 규칙은 다음의 언어 자료들로부터 생성된다.

⑥	ㄱ. The boy <u>slept</u>. ㄴ. The child <u>found the puppy</u>. ㄷ. The woman <u>put the cake in the cupboard</u>. ㄹ. The child <u>laughed at the puppy</u>.

예문 ❻의 밑줄 친 부분은 모두 동사구로, 동사구의 중핵적인 부분은 바로 동사다. (❻ㄱ)의 동사구는 동사만으로 이루어져 있으며, 나머지 문장들은 동사를 핵으로 의미 전달에 필요한 다른 성분(the puppy, the cake 등의 NP, in the cupboard, at the puppy 등의 PP)들이 결합할 수도 있다. 따라서 예문 ❻의 동사구를 형성하는 구절 구조 규칙은 다음과 같다.

❼	VP → V (NP) (PP)

복문 구조의 동사구는 동사와 또 다른 문장의 연속으로 이루어진다. 이 경우의 동사구 구절 구조 규칙은 다음과 같다.

❽	VP → V S

❸ 형용사구(AP)의 구절 구조 규칙은 한 개의 형용사를 핵으로 필요에 따라 또 다른 형용사구가 결합할 수 있기 때문에 다음과 같이 규정할 수 있다. 이때 결합하는 형용사구는 수의적의 성분이다.

❾	AP → (AP) Adj

❹ 전치사구(PP)의 구절 구조 규칙은 모든 전치사구가 전치사와 명사구의 결합으로 나타나기 때문에 다음과 같이 규정할 수 있다.

❿	PP → P NP

이상 영어의 명사구, 동사구, 형용사구, 전치사구의 형성에 관여하는 구절 구조 규

칙에 대해 살펴보았다. 이를 종합하면 다음과 같다.

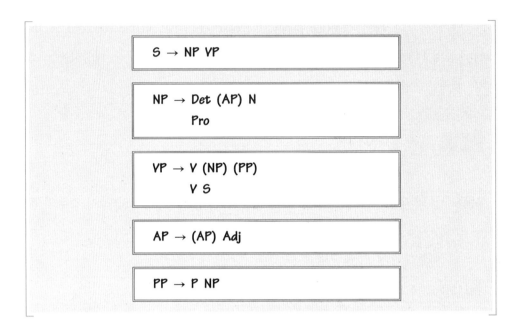

$$S \rightarrow NP\ VP$$

$$NP \rightarrow Det\ (AP)\ N$$
$$Pro$$

$$VP \rightarrow V\ (NP)\ (PP)$$
$$V\ S$$

$$AP \rightarrow (AP)\ Adj$$

$$PP \rightarrow P\ NP$$

구절 구조 규칙의 반복 적용을 통해 문법적인 문장을 생성할 수 있다. 문장 "The large birds vanished from the lake."의 구절 구조 규칙에 따른 수형도는 다음과 같다.

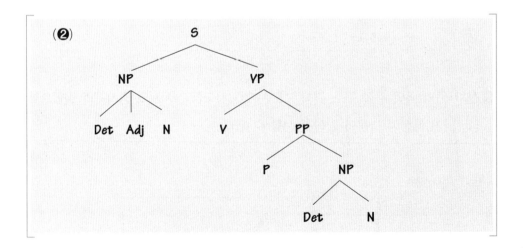

(❷)

예문 "The man read a book."과 달리 "The large birds vanished from the lake."는 주어 명사구의 구조, 즉 '한정사+명사'가 '한정사+형용사+명사'로 확대되었다. 동사구도 '동사+명사구'의 구조에서 '동사+전치사구'의 구조로 변하였다. 그리고 전치사구는 '전치사+명사구'로, 전치사구의 명사구는 '한정사+명사'로 이루어져 있다. 그러나 구절 구조 규칙의 적용에 차이가 없다.

나. 복문(내포문)의 구절 구조 규칙

복합 구조의 문장은 단순 구조의 문장보다 생성되는 구절 구조 규칙도 복잡하다. 복문은 내포문과 이어진 문장으로 대별되는데, 전자를 중심으로 두 유형만을 간단히 다루기로 한다.

> ㉓ ㄱ. John believes [that Alice has flat feet].
> ㄴ. [That Alice has flat feet] surprises Bill.

예문 (⓫ㄱ)의 밑줄 친 부분은 that절을 포함하는 동사구이며, (⓫ㄴ)의 밑줄 친 부분은 that절을 포함하는 명사구의 모습이다. 이들 각각의 구절 구조 규칙을 수형도로 나타내면 다음과 같다.

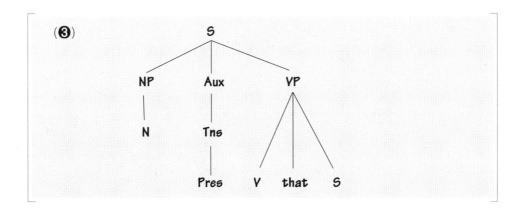

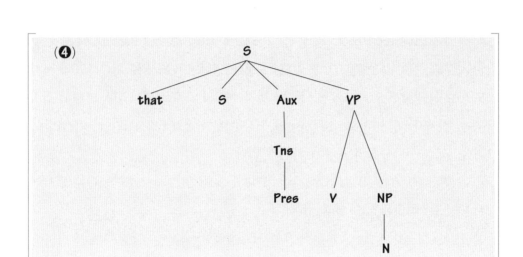

(④)

2. 어휘 삽입 규칙

구절 구조 규칙에서는 최종적인 어휘들의 삽입 과정이 이루어지지 않는다. 문장을 형성하게 되는 어휘 삽입은 구절 구조 규칙과 다른 규칙, 즉 '어휘 삽입 규칙'을 따라야 한다. 이에 따라 어휘 요소들이 문장 내 자기 자리를 차지하게 되면 한 문장의 표면 구조가 생성되게 된다. (❶)의 구절 구조 규칙에 어휘 삽입 규칙을 적용한 수형도의 모습은 다음과 같다.

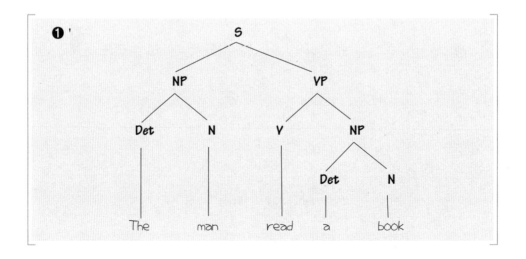

❶'

이어서 (❷), (❸), (❹)의 구절 구조 규칙에 어휘 삽입 규칙을 적용한 수형도의 모습은 다음과 같다.

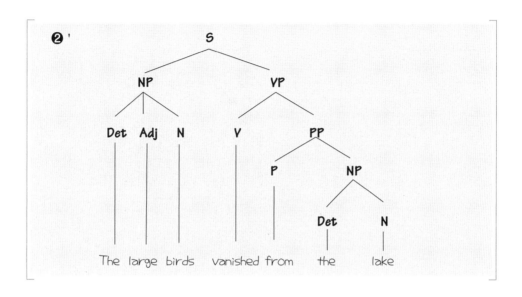

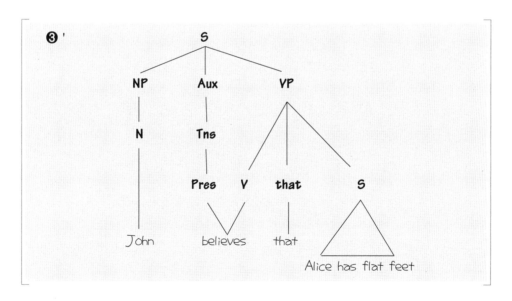

131

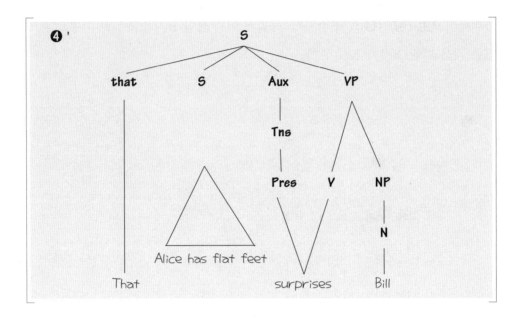

3. 한국어의 변형 생성 규칙

변형 생성 언어학(문법)은 언어의 보편성을 추구한다 하였다. 따라서 한국어의 문장 생성도 변형 생성의 원리와 규칙으로 설명이 가능하다. 물론 개별 언어의 특수성이 존재하기에 변형 생성 규칙이 한국어에 그대로 적용되기 어려운 부분도 있을 것이다. 따라서 문장의 주어부를 형성하는 명사구의 생성 절차와 서술부의 동사구 그리고 동사의 변형 생성 절차를 살펴보기로 한다.

1 명사구 구절 구조 규칙

먼저 한국어 명사구의 생성 규칙에 대해 살펴보자. 명사구 생성 규칙을 도출하기 위해서 한국어의 명사구로 실현되었거나 실현 가능한 자료의 검토가 선행되어야 한다. 명사구는 명사만으로 이루어진 단순한 구조부터 관형어의 수식을 수반하는 명사구 그리고 한 문장으로 이루어지는 등의 다양한 형태가 가능하다. 한국어의 명사구를 변형 생성 규칙으로 설명 가능한지 두 유형의 명사구에 한정하여 알아보기로 한다.

①	ㄱ. <u>차가</u> 도로를 달린다. ㄴ. <u>새 차가</u> 도로를 달린다.

②	ㄱ. 철수가 <u>양복을</u> 입었다. ㄴ. 철수가 <u>새 양복을</u> 입었다.

예문 ❶의 밑줄 친 주어 명사구는 구성 성분이 다르다. (❶ㄱ)은 명사 단독으로, (❶ㄴ)은 관형어의 수식을 받는 명사로 이루어져 있다. 예문 ❷의 밑줄 친 명사구 역시 예문 ❶과 동일한 구성으로 이루어져 있다. 따라서 문장의 주어와 목적어의 기능을 하는 명사구는 다음과 같은 규칙으로 생성된다.

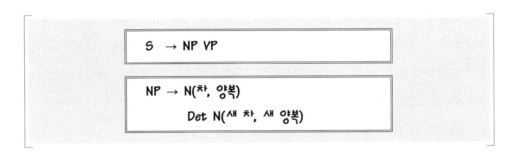

이와 같이 한국어의 명사구는 구성 성분의 차이에 따라 두 가지 규칙으로 설정할 수 있다. 그러나 문장의 생성 규칙은 단순할수록 좋기에 이 둘을 다음의 한 가지 규칙으로 줄일 수 있다. 왜냐하면 명사를 수식하는 수식언은 수의적인 요소이기에 이를 아래와 같이 표현할 수 있다.

$$NP \rightarrow (Det)\ N$$

따라서 한국어 명사구의 생성 규칙 'NP → (Det) N'은 한국어의 명사구가 생성되는 기저 원리이자 규칙 체계로서의 역할을 할 수 있다.

2 동사구 구절 구조 규칙

다음은 한국어 동사구의 생성 규칙에 대해 알아보기로 하자. 먼저 동사구의 자리에 나타날 수 있는 언어 표현들을 살펴야 하는데, 명사구와 마찬가지로 다양한 구성의 모습이 나타난다.

---

❸ ㄱ. 새가 <u>운다</u>.
　　ㄴ. 꽃이 <u>예쁘다</u>.

---

❹ ㄱ. 새가 <u>노래를 부른다</u>.
　　ㄴ. 철수가 <u>사과를 먹는다</u>.

모든 문장은 주어부(NP)와 서술부(VP)로 구성된다. 예문 ❸과 ❹도 예외는 아니다. 그런데 서술부의 구조에 차이가 나타난다. ❸의 서술부는 '운다, 예쁘다'의 동사와 형용사 단독으로 이루어진 반면, ❹의 서술부는 '노래를 부른다, 사과를 먹는다'처럼 명사구와 동사의 결합으로 구성되어 있다. 다음과 같은 생성 규칙을 설정할 수 있다.

S → NP VP

NP → (Det) N

VP → V(운다, 예쁘다)
　　　NP V(노랠르 부른다, 사과를 먹는다)

135

동사구의 두 가지 규칙은 각각 자동사와 타동사가 쓰인 문장의 생성 규칙이다. 그렇다면 한국어의 동사구는 이 규칙을 통해서만 생성이 되는 것일까? 만약 한국어 문장의 서술부에 자동사와 타동사만 출현한다면 위의 규칙은 매우 합리적이고 생산적일 수 있겠지만 이 규칙만으로 설명할 수 없는 형태도 존재한다.

한국어에서 나타날 수 있는 동사구의 또 다른 모습은 소위 세 자리 서술어가 나타나는 환경이다. 다음 예문의 서술어는 어떤 성분을 필수적으로 요구하는지 알아보자.

❺	ㄱ. 그는 <u>친구에게 꽃을</u> 선물했다.
	ㄴ. 교수님이 <u>학생에게 언어를</u> 가르치다.

예문 ❺는 동사 또는 명사구와 동사로 구성된 서술부와 그 성격을 달리하고 있다. 이 문장의 동사구는 앞의 두 가지 규칙으로 설명이 불가능하다. 따라서 ❺의 동사구를 생성하는 새로운 규칙을 마련해야 한다. 서술어의 특성상 직접 목적어와 간접 목적어 두 명사구를 수반한다는 점을 반영한 다음의 새 규칙이 필요하다.

VP → V

VP → NP V

VP → NP NP V

136

3 서술어 구절 구조 규칙

문장의 성분 중 중핵적인 것이 바로 서술어이다. 한 문장이 문법적으로나 의미적으로 온전한 구조를 갖추기 위해서는 서술어가 필요로 하는 성분을 갖추어야 하기 때문이다. 동사구의 세 가지 생성 원리도 사실은 서술어의 유형에 따른 차이를 반영하고 있다.

끝으로 서술어의 생성 원리에 대해 알아보기로 하자. 서술어는 일반적으로 동사와 형용사의 기본형으로 실현되지만 화자의 진술 방식 또는 높임, 시제, 공손 표현의 실현 여부에 따라 다양한 모습을 띤다.

❻	ㄱ. 철수가 밥을 먹<u>다.</u>	V → Vs Se
	ㄴ. 철수가 밥을 먹<u>었다.</u>	V → Vs T Se
	ㄷ. 철수가 밥을 먹<u>겠다.</u>	V → Vs T Se

예문 ❻은 주어부와 서술부로 이루어진 구조이다. 그리고 주어와 목적어 명사구에 서술어가 결합한 것으로 오른쪽의 구절 구조 규칙이 적용된다.

그러나 서술어 '먹다, 먹었다, 먹겠다'는 각각 '먹+다, 먹+었+다, 먹+겠+다'의 구조로 분석된다. 곧, '먹다'는 동사 어간과 어말 어미가 결합한 형태이고, 나머지는 동사 어간과 선어말 어미 그리고 어말 어미가 결합하였다. 따라서 서술어의 기본 구조는 어간과 어말 어미의 결합이다. 이 기본 구조에 시제라는 수의 성분이 삽입될 수도 있다. 이를 다음과 같이 정리할 수 있다.

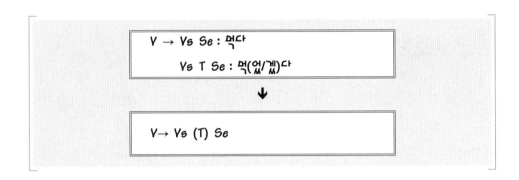

'Vs'는 'Verb stem'의 약자로 동사의 어간을 지칭한다. 'T'는 'Tense'의 약자로 선어말 어미를 지칭하는데, 과거(past), 현재(present), 미래(future)로 구분한다. 그리고 Se는 'Sentence ending'의 약호로 서술형 어미(declarative), 의문형 어미(interrogative), 명령형 어미(imperative), 청유형 어미(propositive) 등이 속한다.

언어의 이모저모(1)

1 인간은 말로 빚어진 존재

다음의 글은 동물의 집단생활과 달리 인간은 사회생활을 통해 높은 수준의 문명을 이룩할 수 있었다고 한다. 즉 수많은 사람이 모여 각자가 생산한 재화와 서비스를 교환하는 경제 시스템을 토대로 문명이 발달하였다고 보았다.

그렇다면 사회적 동물로서의 인간이 타인의 존재를 인정하며 그들과 상호작용을 하기 위해 가장 필요한 것은 무엇일까? 본문에 나오는 '벨로'의 이야기를 참조하여 사회 속에서 인간다운 삶을 위한 요소에 대해 깊이 생각해보자.

"사람은 혼자서 살 수 없다."

― 최승노, 한국경제, 2019.9.2.

1996년 나이지리아의 숲에서 네 살배기 아이가 발견됐다. 아이의 이름은 벨로. 생후 6개월에 버려져 2년 반이 넘도록 침팬지 손에서 자랐다. 발견 당시만 해도 벨로는 사실상 인간다운 모습을 거의 찾을 수 없었다. 태어났을 때만 해도 정상이었을 등뼈는 침팬지처럼 네 발로 걷던 습성 때문에 휘어서 바로 서지 못했고, 자연히 직립보행도 불가능했다.

또한, 뇌가 정상적으로 발달하지 못해 인간의 언어를 전혀 하지 못했다. 그저 침팬지처럼 소리 내고 행동할 뿐이었다. 야생 침팬지와 생활하며 침팬지의 모습을 보고 흉내 내며 자라온 벨로에게 인간 사회는 낯설고 이해하기 힘들었으리라.

실제로 벨로는 처음 발견되고 6년이 지난 2002년에야 나이지리아 카누시 보육원에서 다른 사람들과 생활하게 되었다. 하지만 10세가 된 벨로는 또래 아이들과 확연히 다른 모습이었다. 하루 12시간을 뛰어다니며 시도 때도 없이 손뼉을 치며 괴성을 질렀다. 뛰어다니지 않을 때는 흙을 집어 먹거나 열매를 가지고 놀았다. 또래 아이들과 어울리기를 싫어하고 침팬지의 사진을 보여주면 침팬지 소리를 내며 반응했다. 왜 이런 일이 일어났을까? 엄밀히 말해 벨로는 결코 침팬지가 아니었다. 하지만 다른 사람과 전혀 어울리지 못하고 침팬지의 생활 습성을 고스란히 따라하는 벨로를 인간이라고 할 수 있을까?

침팬지와 인간 사이의 어중간한 지점에 놓인 벨로의 사례에서 우리는 중요한 사실을 깨달을 수 있다.

벨로처럼 인간 사회에서 다른 사람들과 어울리며 자연스럽게 지적 능력을 발달시키고 인간의 생활양식을 습득하는 경험을 전혀 하지 못하는 경우 사람으로 태어났을지언정 결코 사람다운 삶을 영위할 수 없다는 사실이다. 야생에서 침팬지와 함께하며 동물의 삶을 살았던 벨로가 끝끝내 인간 사회에 속하지 못하고 백만 년 전의 유인원 모습으로 남을 수밖에 없었던 것은 바로 이 사실을 강력하게 시사한다.

그렇다면 인간이 인간답게 살아가려면 무엇이 필요할까? 고대 그리스의 철학자 아리스토텔레스는 인간을 이렇게 정의했다. "인간은 사회적 동물이다." 이 말인즉, 인간이 인간답게 살아가기 위해서는 사회가 필요하다는 뜻이다. 사회란 "공동생활을 영위하는 모든 형태의 인간 집단"으로, 나와 다른 사람들로 이뤄진다. 다시 말해, 나와 다른 사람이 함께 어우러져 살아갈 때에 비로소 인간은 인간답게 살아갈 수 있다고 할 수 있다. 이처럼 인간은 타인의 존재를 끊임없이 필요로 하며 타인과의 끊임없는 사회적 상호작용을 통해 인간답게 살게 된다.

그렇다면 벨로처럼 처음부터 인간 사회에 속하지 못하고 외따로 성장한 것이 아니라 인간 사회에서 멀쩡히 잘 살다가 혼자 남은 경우는 어떻게 될까? 아마도 경제적 어려움과 외로움에서 벗어나 다시 문명화된 사회로 돌아가려고 몸부림쳤을 것이다. 대니얼 디포의 소설 주인공 로빈슨 크루소처럼 말이다.

오늘날 인류가 높은 수준의 문명을 이룩할 수 있었던 데에는 수많은 사람이 모여 이루는 교환의 경제가 있었던 덕분이다. 각자가 생산한 재화와 서비스를 다른 사람과 교환하면서 풍요와 번영을 이끌어냈고, 이와 같은 경제적 발전을 토대로 문명이 발달하지 않았는가.

그리고 문명이 발달하고 개개인의 생산 능력이 향상되면서 경제 규모는 더욱더 확대되고 개인의 삶 역시 윤택해질 수 있었다. 이처럼 경제와 문명은 서로 앞서거니 뒤서거니 하며 함께 발전을 이끌어왔고, 그 밑바탕에는 수많은 사람이 모여 함께하는 사회가 있었다.

기억해주세요.

오늘날 인류가 높은 수준의 문명을 이룩할 수 있었던 데에는 수많은 사람이 모여 이루는 교환의 경제가 있었던 덕분이다. 각자가 생산한 재화와 서비스를 다른 사람과 교환하면서 풍요와 번영을 이끌어냈고, 이와 같은 경제적 발전을 토대로 문명이 발달하지 않았는가.

2 내용 요약 및 감상

┃요약┃

┃감상┃

제Ⅱ-1강

언어의 내용(1) : 의미론

1. 의미론

언어는 말소리와 의미 사이의 대응 관계를 맺어주는 규칙 체계이다. 그 규칙 체계를 밝혀 나가는 작업으로 언어의 음운 구조와 통사 구조를 살펴보았다. 언어의 음운 구조와 통사 구조는 의미 구조와 밀접한 관계를 맺는다. 화자의 언어 생성 과정은 의미에서 음운으로, 청자의 언어 수신 과정은 음운에서 의미로 이어지는데, 그 양자 사이에 통사 규칙이 위치하고 있다.

언어의 구조 중 의미에 대한 연구는 언어 표현과 이해, 즉 의사소통 과정을 이해하는 중요한 분야이다. 이를 '의미론'(semantics)이라 한다.(semantics의 어원은 sema(기호, 신호)와 semaino(신호하다, 의미하다)이다.)

1 의미론의 연구 범위

영국의 언어학자 울만(Ullmann : 1951)은 언어학의 총체적 위치에서 의미론이 차지하는 영역을 설명하고 있다. 그는 언어를 구성하는 세 가지 언어 단위를 들고 그 기능과 그에 관한 학문을 다음과 같이 제시하였다.

물리적 분석 (physical analysis)	음운 (phoneme)	식별 (discrimination)	음운론 (phonology)
의미 분석 (semantic analysis)	어 (word)	의미 (signifying)	어휘론 (lexicology)
관계 분석 (relational analysis)	어절 (syntagma)	관계 전달 (conveying relation)	통사론 (syntax)

한편, 의미론의 연구 분야를 이해하기 위해서 오른쪽 그림 '울만의 상자'(Ullmann's Cabinet)를 살펴야 한다. 이는 기호 기능, 형식·의의, 연구법의 기준에 따라 언어학의 영역을 3차원으로 시각화한 것이다.

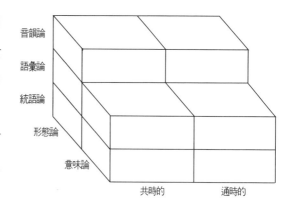

그림에 따르면 의미론은 음운론과 달리 어휘론(어휘 의미론), 통사론(통사 의미론)과 직접적인 관련을 맺고 있다. 어휘 의미론과 통사 의미론은 각각 공시적 연구와 통시적 연구가 가능하다. 이것을 알기 쉽게 도시하면 다음과 같다.

■ 의미론 ─┬─ ① 어휘 의미론 ─┬─ 공시적 연구
          │   └─ 통시적 연구
          └─ ② 통사 의미론 ─┬─ 공시적 연구
                           └─ 통시적 연구

최근 들어 화용론의 발달에 힘입어 문장 단위를 벗어나는 '발화'의 의미에 대해서도 많은 연구가 진행되고 있다. 결국 언어의 내용면을 다루는 의미론의 연구 범위는 첫째, 어휘 자체의 의미에 관한 것, 둘째, 형태소와 단어의 결합으로 구성된 문장 단위의 의미에 관한 것, 마지막으로 발화 단위의 의미에 관한 것으로 구분할 수 있다.

2 의미론 유형 및 사적 고찰

언어의 의미를 다루는 학문은 철학과 논리학, 심리학, 언어학 정도이다. 언어학적 의미론은 시대적 변천 과정과 연구 경향에 따라 세분화 할 수 있다.

147

1. 의미론의 유형

철학이나 논리학, 심리학 그리고 언어학은 각기 고유한 방법으로 언어의 의미와 의미 구조를 밝히고 있다. 이들의 의미 연구를 각각 '형식 의미론', '일반 의미론' 그리고 '언어학적 의미론'이라 한다.

1 형식 의미론(形式意味論 : formal semantics)은 논리적 판단을 기초로 문장의 의미를 파악하는 의미론이다. 자연 언어를 기호화하여 다루는 분석 철학자나 논리학자들에 의한 '논리학적 의미론'이라고도 한다. 이는 삼단 논법과 같은 논증의 단위인 명제나, 문장의 진(眞)과 위(僞)를 따지게 되는 진리 조건('장미가 있다'라는 문장이 참과 거짓이 되는 조건은 장미의 존재 여부이다.) 및 함의 관계를 규명한다.

2 일반 의미론(一般意味論 : general semantics)은 언어에 대한 인간의 사고 및 행동에 대하여 연구하는 의미론이다. 과거에 '개'에게 물린 기억이 있는 사람은 '개'라는 소리에 사고와 행동이 부자연스러워진다. 이때, 언어기호 '개'에 대한 인간의 반응을 연구하는 것으로 '심리학적 의미론'이라고도 한다. 언어 병리학적 차원에서 언어 사용의 건전성을 추구하기도 한다.

> **tip** 일반 의미론의 '일반'은 언어의 보편성이 아닌 인간의 모든 것, 즉 '전반'을 의미한다.

3 언어학적 의미론(言語學的 意味論 : linguistic semantics)은 자연 언어를 대상으로 하는 순수 의미론이다. 이러한 점에서 실용성을 지닌 일반 의미론과 차별성을 지닌다. 그리고 자연 언어를 형식 언어로 해석하는 형식 의미론과 달리 언어학적 의미론은 '과학적 의미론'에 해당한다. 언어학적 의미론은 단어, 문장, 발화의 의미를 다루는 어휘 의미론, 문장 의미론, 화용론의 발전에 기여한 바가 크다. 특히 문장 의미론에서는 변형 문법의 3대 유파, 즉 '격문법, 해석 의미론, 생성 의미론'을 탄생시키기도 하였다.

2. 의미론의 발전 과정

윤평현(2008 : 26~30)에서는 그리스·로마 시대부터 시작된 의미 연구 과정을 설명하고 있다. 학문으로서의 의미론은 19C 초엽, 1825년경 라이지히(Reisig,K)를 출발점으로 파울(Paul,H.)·분트(Wundt,W.)·니롭(Nyrop,K.)·스테른(Stern,G.) 등 많은 학자들이 의미 변화의 문제를 중심 과제로 다루었으며 사회가 의미 변화에 미치는 영향을 연구하였다. 그 후, 사적 의미론은 20C 초에 접어들어 마르티(Marty,A.)나 풍케(Funke,O.)의 철학적인 연구, 오그덴(Ogden,C.K.)·리차드(Richards,I.A.)의 의미 기능의 분석적인 연구 등에 의하여 구조 의미론으로 계승된다. 이처럼 구조 의미론이 단어 의미의 기술에 관심을 두었다면 초기의 변형 생성 문법은 의미의 문제를 중시하지 않았다가 카츠(Katz,J.)와 포다(Fodor,J.A.)에 의하여 문장 의미 중심의 통사 의미론에 관심을 가지게 된다. 본 절에서는 통사 의미론의 발전 과정에 대해 살피기로 한다.

1 해석 의미론(解釋意味論)은 의미 해석의 구조가 어디냐를 기준으로 아래와 같은 일련의 수정 과정을 거친다.

첫째, 표준 이론(標準理論 : standard theory)은 모든 의미 정보가 범주 규칙과 어휘부에 의해 생성되는 심층 구조에서 결정된다는 것이다.

둘째, 확대 표준 이론(擴大標準理論 : extended standard theory)은 표면 구조에 나타나는 '강세, 주제, 수량사' 등의 차이에 따라 의미가 달라진다는 점에서 표면 구조도 심층 구조와 함께 의미 해석에 관여한다는 것이다.

❶	철수는 영호를 때렸다.

❷	ㄱ. 영호를 때린 사람은 다른 사람이 아닌 철수다. ㄴ. 철수가 때린 사람은 다른 사람이 아닌 영호다. ㄷ. 철수는 영호를 떠밀지 않고 때렸다.

문장 ❶은 '주어-목적어-서술어'의 구조로, 어떤 성분을 강조하느냐에 따라 ❷와 같이 다양한 의미의 문장이 될 수 있다. 이러한 강세는 문장의 표층 구조에만 드러나게 된다.

셋째, 수정 확대 표준 이론(修正擴大標準理論 : revised extended standard theory)은 문장의 의미 결정이 주로 표층 구조에서 이루어진다는 것이다. 기존의 잡다한 변형 규칙을 없애고 α이동이라는 단일 이동 규칙만을 설정하는 이 이론의 표층 구조는 표준 이론의 그것보다 훨씬 더 추상적인 구조이다. 그런데 이 구조는 이동 변형이 일어나고 남긴 흔적을 보유하게 되는데 이렇게 '풍부하게 된' 표층 구조가 모든 의미 해석을 담당한다는 설명이다.

2 격문법(格文法 : case grammar)은 필모어(Fillmore : 1968)의 문법 모형으로, 문장의 가장 깊은 층위에서 동사와 무순의 일련의 '의미역'(thematic role) −이를 '격'(case)이라 불렀다−으로 구성된다는 것이다. 그는 다음의 격을 설정하였다.

❸
- 행위자(AGENT, A) : 사건의 유발자
- 대행위자(COUNTERAGENT, C) : 실행되는 행동에 대항하는 힘 또는 저항
- 대상(OBJECT, O) : 움직이거나, 변하거나, 혹은 위치나 존재가 고려되는 실체
- 결과(RESULT, R) : 행동의 결과로 존재하는 실체
- 도구(INSTRUMENT, I) : 사건의 자극이나 직접적 원인
- 근원(SOURCE, S) : 어떤 것이 움직임을 시작하는 위치
- 목표(GOAL, G) : 어떤 것이 움직여 가는 장소
- 경험자(EXPERIENCER, E) : 경험을 수용하거나 행동의 결과를 겪는 실체(전에는 "여격(Dative)"이라 불리었다)
- 장소(LOCATIVE, L) : 동사가 나타내는 상태나 행동의 위치적 기점을 나타내는 격

격문법은 통사 구조의 근거를 찾기 위해 의미에 의존한 결과, 심층 구조가 의미 구조라 보았다. 이는 뒤에 살필 생성 의미론자의 방법론과 유사하다.

❹
ㄱ. 철수는 사과를 먹었다.
ㄴ. 철수는 칼로 사과를 깎았다.

예문 ❹의 성분을 형성하는 명사들은 모두 서술어 '먹었다, 깎았다'와 특정한 의미 관계를 맺고 있다. (❹ㄱ)의 '철수'는 행동 주체 및 동작주의 의미, '사과'는 대상의 의미를 지닌다. 그리고 (❹ㄴ)의 '칼'은 도구라는 의미를 부여받게 된다. 결국 의미는 심층 구조에서 결정된다며 다음과 같은 도표를 제시하였다.

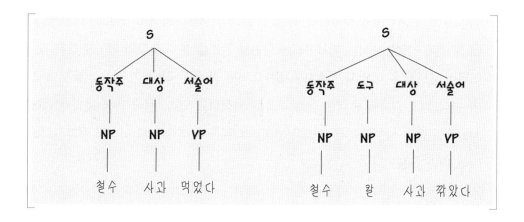

격문법의 모형은 의미면에서 가장 두드러진 장점을 가지게 된다. 즉 Aspects 이론은 심층 구조가 의미 해석의 적절한 기저 구조라고 주장하지만, 사실 그렇지 않다. 아래의 예문을 살펴보자.

⑤
ㄱ. The door opened
ㄴ. John opened the door
ㄷ. The wind opened the door
ㄹ. John opened the door with a chisel

⑤의 명사구 'the door'는 동사에 대해 동일한 의미 관계를 갖고 있으나, 주어(⑤ㄱ)와 목적어(⑤ㄴ-ㄹ)로 그 문법적 기능을 달리하고 있다. 또한 문장의 주어 'the door', 'John', 'the wind'는 각각 다른 의미 관계를 나타내지만 Aspects 모형에서는 모두 심층 구조의 동일한 주어로 기능한다. 그러나 격문법에서는 이러한 관계를 명쾌

하게 설명할 수 있다. 즉 서술어 'open'은 의무적으로 '대상'을, 수의적으로 '행위자/도구'를 취하는 동사라는 것이다.(격문법은 생성 의미론자들의 비판을 받으며 확고한 문법 모형으로 자리를 잡지 못했다. 그러나 의미역의 중요성을 부각시켰다는 점은 높이 평가할 만하다.)

3 생성 의미론(生成意味論 : generative semantics)은 격문법과 마찬가지로 의미를 심층 구조의 층위에서 해결하려 하였다. 그러나 서술어의 의미 정보에 대한 설명은 달랐다. 격문법에서는 명사구의 의미만을 강조할 뿐 서술부의 의미에 대해서는 아무런 정보를 주지 않지만 후자에서는 이러한 한계를 극복하기 위해 서술부의 의미 분석과 그 결과를 반영한 심층 구조를 설정하고 있다. 결국 변형 문법 체계에서의 격문법과 생성 의미론 그리고 해석 의미론은 의미 부분을 어디와 결부시키느냐에 따라 구분된다.

4 화행 의미론(話行意味論 : speech-act semantics)은 영국의 오스틴(Austin)이 지금까지 단어나 문장의 의미에 국한하였던 의미 연구의 대상을 발화에까지 확장한 의미론이다. 특히 한 문장의 의미를 밝히려는 언어학자의 연구는 고정된 문맥에서의 의미에 한정할 것이 아니라 그 문장이 쓰여진 특별한 문맥 상황을 고려해야 한다는 것이다. 실제 상황이 따르지 않은 문장 내지 발화는 있을 수 없듯이 의미의 문제를 발화 장면의 언어적·상황적 맥락 안에서 발화자의 의도적 의미에 초점을 맞추는 분야가 '화행 의미론'이다.

2. 언어의 의미

언어는 형식과 내용으로 구성되며, 그 형식과 내용은 자의적 관계에 있다. 언어의 형식이 음성이며, 언어의 내용이 곧 의미이다. 언어로 의사소통을 한다는 것은 특정한 음성에 실려 있는 의미를 이해한다는 뜻이다. 이와 같은 관점에서 언어의 의미는 언어학의 매우 긴요한 부분임에 틀림없다.

1 의미의 의미(*meaning of meaning*)

언어의 음성이 구체적 실체에 해당한다면 언어의 의미는 심리적 및 추상적 실체이다. 음운이나 문법에 비해 의미를 정의하기가 어려운 이유이다. 그럼에도 불구하고 의미에 대한 여러 견해들이 있어 왔다.

Ogden & Richards(1923)에서는 저명한 <의미> 연구가가 채택하고 있는 주된 정의의 대표적 견해라며 아래의 표를 제시하였다.

A $\begin{cases} \text{1. 내재적 특성이다.} \\ \text{2. 다른 사물에 대한 독자적이고 분석 불가능한 <관계>다.} \end{cases}$

3. 〈사전〉에서 어떤 말에 첨가되는 말이다.

4. 어떤 말의 〈내포〉다.

5. 〈본질〉이다.

6. 대상에 〈투사(投射)된〉 활동이다.

B

7. a. 〈지향된〉 사건이다.

    b. 〈의지(意志)〉다.

8. 어떤 사물이 한 체계 속에서 차지하는 〈장소〉다.

9. 사물이 우리의 미래의 경험에 남기는 〈실재적 결과〉다.

10. 진술에 포함되거나 함축된 〈이론적 결과〉다.

11. 사물에 의해 야기된 〈정서〉다.

12. 선택된 관계에 의해서 〈실제적〉으로 기호와 결합된 것이다.

13. a. 자극이 〈기억〉에 미치는 효과다. 획득된 〈연상(聯想)〉이다.

    b. 어떤 사건이 기억에 미치는 어떤 영향이 그것에 〈적절한〉 것이 되는 다른 사건이다.

    c. 기호가 관계하는 것으로 〈해석되는〉 사물이다.

    d. 사물이 〈암시하는〉 것이다.

C

    ※ 상징의 경우

    〈상징의 사용자〉가 실제로 지시하는 것이다.

14. 상징의 사용자가 〈지시해야만 하는〉 것이다.

15. 상징의 사용자가 스스로 지시한다고 〈믿는〉 것이다.

16. 상징의 〈해석자〉가

    a. 〈지시하는〉 것이다.

    b. 〈스스로〉 지시한다고 〈믿는〉 것이다.

    c. 〈사용자〉가 지시하고 있다고 〈믿는〉 것이다.

언어 이론에서 의미는 가장 애매하고 논란이 많은 용어로, 학자(A는 철학자, B는 언어학자, C는 심리학자의 의미에 대한 관점)마다 다양한 주장을 하고 있다. 언어의 의미를 "~이다."로 단정 짓기가 쉽지 않기에 의미가 무엇이며 어떻게 정의해 왔는지 대표적인 몇 가지 견해를 살피기로 하자.

1. 의미의 지시설

지시설(指示說 : referential theory)은 언어 표현의 의미를 그 표현이 지시하는 구체적 대응물이라 설명한다. 어휘의 의미는 곧 그 사물 자체이다. 이는 언어와 세계가 직접적인 관계를 형성한다고 보고, 언어 표현의 의미를 세계와의 대응 관계 속에서 파악하려는 자세이다. 따라서 '사과, 배'나 '말'의 의미는 현실 세계에 존재하는 객관적 대상물 그 자체인 것이다.

[사과]   [배]   [말]

의미의 지시설은 지시 대상이 분명하거나 가리키는 대상물이 하나뿐인 고유 명사의 의미 규정에는 타당성이 있다. 특히 지금까지 애매하고 감각적으로 확인하기 어려운 '의미'를 명확하게 설명할 수 있다는 매력이 있다. 그러나 지시설로 언어 표현의 의미를 온전히 설명하기에는 부족한 면이 많다.

알/아/보/기 — 지시설의 한계

1. "<u>김진호</u>는 교수이다."와 "<u>개</u>는 포유류이다."의 밑줄 친 지시물의 차이는?
2. "<u>김진호 교수님</u>은 말이 너무 빨라."와 "<u>언어의 이해를 강의하시는 분</u>은 배려심이 많다."의 밑줄 친 지시대상은 같은가, 다른가? 내포하는 의미도 같은가?
3. '사랑, 믿음'과 '도깨비, 용'의 지시물은 무엇인가?

2. 의미의 개념설

개념설(槪念說 : conceptual theory)은 언어의 의미를 개념으로 설명한다. 심리적 성격의 의미를 심리적 개념으로 파악하려는 것이다. 개념설은 언어와 사고의 긴밀성 아래 Saussure와 Ogden & Richards 등에 의해 제기되었다.

　소쉬르는 언어 기호가 '기표'(記標 : signfiant)와 '기의'(記義 : signfiē)의 결합으로 되어 있다 하였다. 그의 기표는 '청각 영상'(聽覺映像 : acoustic image), 기의는 '개념'(概念 : concept)에 해당한다. 따라서 기표에 대응하는 기의가 의미인 것이다.

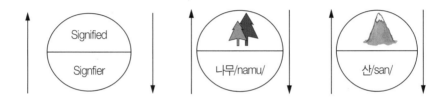

　한국어 '나무, 산'은 청각 영상 [namu], [san]과 개념 <木>, <山>이 결합한 구조로, 청각영상과 개념은 상호 환기 관계를 형성한다.

　Ogden & Richards(1923)는 다음의 '기호 삼각형'(semiotic triangle)으로 의미를 설명하고 있다.

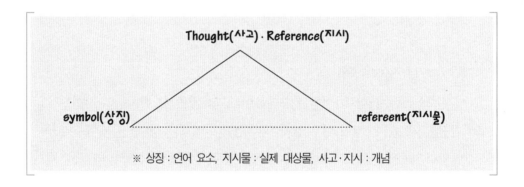

※ 상징 : 언어 요소, 지시물 : 실제 대상물, 사고·지시 : 개념

　기호 삼각형에 따르면 상징과 지시물이 직접 연결되지 않고(점선으로 연결됨), 사고·지시를 통해 연결된다. 이 연결 고리인 사고·지시를 의미로 규정하는 것이다. 지시설과 같이 상징으로 표현된 언어 요소의 의미가 실재하는 지시물이 아니라 우리 마

음속의 개념(사고·지시)이라는 것이다.

 알/아/보/기 ― 개념설의 장·단점

1. 지시설과 달리 실체가 없는 언어 표현의 의미를 어떻게 규정할 수 있을까?
2. '개'에 대한 개인적 사고·지시의 차이는 없을까? 있다면 '개'의 의미는 무엇인가?
3. 한국어의 조사나 접속어 그리고 영어의 'and, as, if' 등 '사고'를 동반하지 않는 단어의 의미는 어떻게 파악할 수 있는가?

3. 의미의 행동설

행동설(行動說 : behavioral theory)은 블룸필드(Bloomfield : 1933)의 행동 이론에서 출발한다. 그는 언어 표현의 의미가 개념도 이미지도 아닌 화자의 자극과 청자의 반응 과정이라고 설명한다.

그는 언어 외적인 자극(S)을 받은 화자가 언어적 반응(r)을 일으키면 언어적 자극(s)을 받은 청자가 언어 외적인 반응(R)을 일으킨다는 언어 과정을 다음의 그림으로 보여주고 있다.

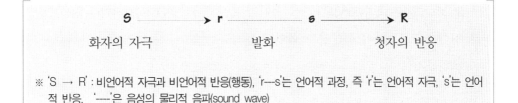

화자의 입장에서 'S → r'의 과정은 조건 반사이다. 즉 사과를 먹고 싶다는 자극에 직접 사과를 먹는 반응을 보이지 않고, 음성 발화라는 언어활동을 하게 된다. 이렇게 발화된 화자의 음성이 음파로 청자를 자극(s)하게 되고, 이 자극에 의해 청자는 화자에게 사과를 주는 등의 실제적 반응(R)이 일어나는 것이다.

행동주의 언어관에서는 의미를 언어 외적인 반응(R)으로 보기 때문에 한 어(語)의 의미가 일정하게 고정되지 않는다. 즉 화자와 청자의 경험 세계가 다르기에 언어 사용에 대한 반응이 일치하지 않는 경우가 많다. 예를 들어, 탐스럽게 열린 사과를 본 화자의 언어적 반응은 '사과가 맛있겠다.', '오늘 사과를 사야지.', '사과 좀 사 주세요.' 등 다양할 수 있으며, 이에 대한 청자의 반응 역시 다양하게 나타날 것이다. 이처럼 가변적인 언어 사용 환경에서 일관된 의미 이론을 정립하기란 현실적으로 어려울 수밖에 없다.

> ※ 다음의 예화에서 〔S → r ··· s → R〕에 해당하는 부분을 찾아 설명해보자.
>
> > "영호와 영수 형제가 함께 길을 걷다가, 허기를 참지 못한 동생 영수가 담 너머 사과나무에 열린 사과를 보고, 형 영호에게 사과 하나를 따 달라고 말한다. 영수의 말은 영호에게 자극이 되어, 영호는 담을 올라가 사과를 따서 영수에게 준다."
> >
> > ― 윤평현(2008 : 46)

---

4. 의미의 용법설

용법설(用法說 : use theory)은 언어 철학자 비트겐슈타인(Wittgenstein : 1953)이 주장한 것이다. 그는 단어의 일정한 의미를 인정하지 않고, 그 단어가 사용되는 구체적인 문맥에서의 용법(화용론적 입장과 관련 있음)을 의미로 보고 있다.

어떤 단어의 의미를 안다는 것이 실제 문맥 상황에서 어떻게 쓰였는가를 이해하는 것이라면 용법설은 분명 설득력을 갖춘 이론이 될 수 있다. 또한 언어 사용적 측면을 강조하는 만큼 기존 의미 이론이 설명하지 못하는 부분을 설명할 수 있는 가능성도 존재한다. 이는 다의어의 의미 파악과 밀접한 관련이 있다.

> 먹다.
> [동사]1.음식 따위를 입을 통하여 배 속에 들여보내다. 2.담배나 아편 따위를 피우다. 3.
> 연기나 가스 따위를 들이마시다. 4.어떤 마음이나 감정을 품다. 5.일정한 나이에 이르
> 거나 나이를 더하다. 6.겁, 충격 따위를 느끼게 된다. 7.욕, 핀잔 따위를 듣거나 당하다.
> 8.(속되게) 뇌물을 받아 가지다. 9.수익이나 이문을 차지하여 가지다. 10.물이나 습기 따
> 위를 빨아들이다. 11.어떤 등급을 차지하거나 점수를 따다. 12.구기 경기에서, 점수를
> 잃다. 13.(속되게) 여자의 정조를 유린하다. 14.매 따위를 맞다. 15.남의 재물을 다루거
> 나 맡은 사람이 그 재물을 부당하게 자기의 것으로 만들다.

한국어 '먹다'란 동사는 문맥에 따라 매우 다양한 의미를 지니고 있어 일관된 의미를 부여하기가 쉽지 않다. 즉, 어휘의 용법은 항상 고정되어 사용되는 것이 아니기에 무한 수에 가까운 어휘의 용법을 기술한다는 것은 가능하지도 않고, 그 용법을 익히는 데에도 많은 시간이 소비된다는 문제점이 있어 의미의 의미를 이해하는 합리적인 방법이 되지 못한다.

tip 진리 조건설은 문장의 의미를 파악하는 일을 문장의 진리조건을 밝히는 것으로 간주하는 의미 이론이다. 따라서 문장은 진리치로서의 의미만 갖는다. 의의 관계설은 의미를 의의(sense)로 규정하는데, 어휘소의 의의는 그 어휘소가 다른 어휘소와 맺는 의의관계에 의해서 나타난다. '아버지'의 의미는 '인간, 남자, 어머니' 등의 의의 관계에 따른다.

2 의미의 유형

의미에 대한 관점에 따라 다양한 의미 이론이 있듯이 의미 유형 또한 다양한 분류가 가능하다. 의미 유형에 대한 연구 성과로는 '리치, 나이다, 크루스' 등이 있는데, 오늘날 널리 통용되는 리치의 연구를 중심으로 살피기로 한다.

영국의 언어학자 리치(G. Leech : 1974)는 언어의 의미 유형을 다음과 같이 7가지로 나누어 설명하고 있다.

1. 개념적 의미		논리적, 지적, 외연적 내용
2. 연상적 의미	내포적 의미	연상이나 관습 등에 의해 전달되는 것
	문체적 의미	언어 사용의 사회적 환경에 의해 전달되는 것
	정서적 의미	화자/청자의 감정 및 태도에 의해 전달되는 것
	반사적 의미	같은 표현의 다른 의미를 연상하는 것에 의해 전달되는 것
	언어적 의미	어떤 단어의 의미가 배열된 환경에 의해 전달되는 것
3. 주제적 의미		어순이나 강세를 활용하여 메시지를 구성하는 방법에 의해 전달되는 것

1 개념적(槪念的 : conceptual) 의미는 의사소통에 있어 중심적, 필수적 의미이다. 즉, 어떤 단어에서 일반적으로 추론할 수 있는 가장 보편적이고 핵심적인 의미이다. 이를 외연적(denotative), 인지적(cognitive) 의미라고도 한다.

그는 언어 구조의 원리로 '대비성'(對比性 : contrasiveness)과 '구성소 구조'(構成素 構造 : constituent structure)를 들었다. 언어의 개념적 의미도 이에 의해 다른 단어와 의미적 대비 특성이 잘 드러난다 하였다.

어휘 'woman'과 'man'은 [+Human], [+Adult]의 개념적 의미를 공통적으로 지니고 있지만 또 다른 의미 구성소 [Male]의 차이에 의해 대비가 명확해진다.

> ※ 다음 'man, woman, boy, girl'의 개념적 의미를 파악한 후, 단어 사이의 의미적 대비 특성에 대해 알아보자.
>
> ① 의미 구성소 분석
>
> | | Human | Adult | Male |
> |---|---|---|---|
> | man | + | + | + |
> | woman | + | + | - |
> | boy | + | | |
> | girl | + | | |
>
> ② 의미적 대비 특성

개념적 의미가 한 언어 사회의 모든 구성원들이 공통적으로 인식하는 기본적인 의미인 반면 연상적(聯想的 : associative) 의미는 개인의 경험에 따라 달라질 수 있는 가변적 의미이다. 구체적 문맥 상황 속에서 다양한 의미 변화가 가능한 연상적 의미는 '내포적, 문체적, 정서적, 반사적, 연어적' 의미로 분류된다.

2 내포적(內包的 : connotative) 의미는 개념적 의미에 덧붙는 또는 추가되는 부차적 의미이다. 사실 'woman'에는 [+Human], [+Adult], [−Male]이라는 개념적 의미 외에 또 다른 내포적 의미가 추가될 수 있다. 즉 육체적, 심리적, 사회적 특질로 '두 다리를 지닌', '자궁이 있는', '모성 본능을 지닌', '사교적인', '연약한', '감성적인', '요리를 잘하는' 등의 의미를 추가할 수 있다.

내포적 의미는 시대와 사회 그리고 개인차에 따라 변하기 쉬워 개념적 의미에 비해 상대적으로 불안정한 주변적이면서 가변적인 의미에 속한다.

3 문체적(文體的 : stylistics) 의미는 사회적 환경의 차이를 인식하는 데에서 나타나는 의미이다. 사회적 환경의 차이는 특정 지역의 방언이나 전문 분야의 사회 방언을 통해 드러나며 존댓말이나 개인적 말투에서도 나타난다. 이를 '사회적 의미'라고도 한다.

문체적·사회적 의미는 동의어(同義語)의 이해에 도움을 준다. 동의어란 동일한 가치의 전달적 효과를 가진 두 개의 언어 형식인데, 개념적 의미와 문체적 의미까지 동일한 단어는 존재하기 힘들다. 리치(Leech)도 개념적 동의어 사이의 의미 분별은 오직 문체적·사회적 차이에서 나타난다 하여 다음의 예를 들고 있다.

| ❶ | • steed
• horse
• nag
• gee-gee | 말 | 시 어
일반어
구 어
유아어 |

④ 정서적(情緖的 : affective) 의미는 화자의 개인적인 감정이나 태도가 언어에 반영
되어 나타나는 의미이다. 이는 주로 소리의 고저, 강세, 장단, 억양('기분이 아주/아~주
좋다'에 나타난 화자의 감정이나 태도)에 나타난다.

정서적 의미는 개념적 의미와 중복되기도 하는데, 리치는 이들의 관계를 다음과
같이 표현하고 있다.

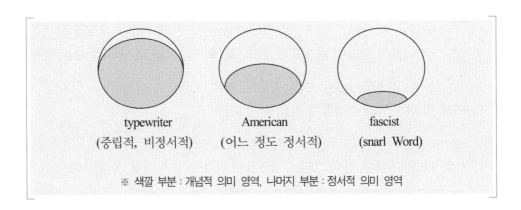

typewriter
(중립적, 비정서적)

American
(어느 정도 정서적)

fascist
(snarl Word)

※ 색깔 부분 : 개념적 의미 영역, 나머지 부분 : 정서적 의미 영역

⑤ 반사적(反射的 : reflected) 의미는 한 단어의 여러 개념적 의미 중 하나가 원래의
뜻과 관계없는 반응을 일으킬 때 나타나는 의미이다. 기독교의 'The Comforter'와
'The Holy Ghost'는 '성령'을 뜻하지만 일반인들이 이 단어에서 '위로하다(Comfort)'
와 '유령(ghost)'을 연상하는 것과 같다.

⑥ 연어적(連語的 : collocative) 의미는 함께 배열된 다른 단어 때문에 갖는 의미이
다. 영어의 'pretty'는 'girl, woman'과 'handsome'은 'boy, man' 등과 이어질 때
개념적 의미를 나타내지만 'handsome woman'이나 '귀여운 사자' 등에서는 개념
적 의미를 벗어나는 연어적 의미를 지니게 된다.

⑦ 주제적(主題的 : thematic) 의미는 화자의 전달 의도가 잘 드러나도록 내용을 조직
함으로써 얻어지는 의미이다. 어순이나 초점, 강조 등에 의해 전달된다.

❷
ㄱ. 철수가 사과를 먹었다.
ㄴ. 사과를 철수가 먹었다.
ㄷ. 먹었다 철수가 사과를.

예문 ❷의 개념적 의미는 같지만 어순을 달리하여 화자가 전달하고자 하는 주제적 의미는 상이하다. 개념적 의미가 어휘적 특성을 나타냄에 비해 주제적 의미는 화용(話用)적 특성과 관련이 깊다.

 생/각/해/보/기

다음은 그 단어의 본래의 뜻과는 다른 의미로 해석한다는 '반사적 의미'와 관련한 영상 자료이다. 감상 후, 또 다른 사례를 찾아보자.

(1) https://clipbank.ebs.co.kr/clip/view?clipId=VOD_20120120_00252

(2) https://clipbank.ebs.co.kr/clip/view?clipId=VOD_20120120_00257

제Ⅱ-2강

언어의 내용(2) : 어휘 · 문장 · 화행

1. 어휘 의미론

전통적으로 의미론은 단어와 문장의 의미에 초점을 두었다. 단어와 어휘를 연구하는 분야가 '어휘 의미론'이다. 어휘 의미론에서는 개별 단어 및 어휘의 의미 성분 분석, 단어와 단어 사이의 상관관계 그리고 의미 변화에 초점을 둔다.

1 어휘의 의미 분석

단어의 의미는 더 작은 의미(의미성분)들이 모인 집합이라 할 수 있다. 이때, 단어의 의미를 구성하는 의미성분을 찾아 어휘의 의미를 규명하는 방법을 '성분분석'(成分分析 : componential analysis)이라 한다.

1 성분분석은 구조주의 언어학자들이 음운을 더 작은 변별적 음성 자질로 분석했던 것처럼 단어의 의미도 그것을 이루는 더 작은 단위로 분석이 가능하다는 관점에서 시작되었다. 의미의 성분분석에서 기호 '+'는 어떤 속성이 있음을, 기호 '−'는 그러한 속성이 없음을 나타낸다.

의미의 성분분석은 한 단어의 의미를 체계적으로 이해하고, 단어와 단어 사이의 관계를 파악하는 데도 유리하다. '인간' 어휘를 성분분석하면 다음과 같다.

①
ㄱ. man :　　[+Human]　[+Adult]　[+Male]
ㄴ. woman :　[+Human]　[+Adult]　[−Male]
ㄷ. boy :　　 [+Human]　[−Adult]　[+Male]
ㄹ. girl :　　 [+Human]　[−Adult]　[−Male]

의미의 성분분석은 한 언어 형식이 둘 이상의 의미 기능으로 쓰일 때, 그 의미 차이를 명확히 할 수 있다.

> ❷ ㄱ. Only <u>man</u> is rational. 인간
> ㄴ. No woman is <u>man</u>. 남자

예문 ❷의 밑줄 친 'man'은 각각 [+Human]의 의미 자질과 [+Male]의 의미 자질로 분석되어 두 문장에서의 의미 차이가 명확하게 나타난다.

> ※ 의미의 성분분석은 'die, kill, murder, slaughter' 등 유사한 의미의 어휘를 구분할 때도 유용한 기준이 될 수 있다.
>
> ① 각 단어의 의미
> - die : 죽다, 살지 않게 되다.
> - kill :
> - murder :
> - slaughter :
>
> ② 어휘의 성분분석
> - die :
> - kill :
> - murder :
> - slaughter :

그러나 의미 성분분석이 어휘의 본질적인 속성을 결정하기 어렵고, 추상적인 어휘에서는 그렇게 만족할 만한 결과를 나타내지 못하는 한계가 있다. 'tiger'의 사전적 정의는 '커다란 아시아에 사는 황갈색에다 검은 줄무늬가 있는 육식성의 갈기며 머리털이 없는 고양이과 동물'이다. 여러 의미 성분들이 결합되어 있는데, 이 중 'tiger'의 본질적인 의미는 무엇이며, 개념적 의미 이외의 연상적 의미는 어떻게 기술할 것

167

인가?라는 문제가 남아 있다.

2 단어의 의미 연구는 그 단어에만 한정하여 진행할 수 있다. 그러나 단어들이 그와 유사한 단어들과 무리를 이룬다는 전제 아래 다른 단어들과의 관계 속에서 개별 단어의 의미를 파악할 수도 있다. 이처럼 하나의 상위어 아래 의미상 연관된 개별 단어들의 집단을 '의미장'(意味場 : semantic field)이라 한다.

> **tip** 의미장 이론은 훔볼트(Humboldt)와 소쉬르(Saussure)의 언어관을 근거로 트리어(Ttier)와 포르지히 (Przig) 등의 '장이론'(場理論 : field-theory)으로 전개되었다.

---

❸ ㄱ. 친족어장 :
　　　ㄴ. 색채어장 :
　　　ㄷ. 요리어장 :

> ※ 다음은 '아버지'와 '어머니' 관련 어휘로 구성된 의미장이다. 이들의 사전적 정의를 바탕으로 의미 성분분석을 시도해 보자.

① 각 단어의 사전적 정의
- 가친(家親), 선친(先親), 춘부장(椿府丈), 선대인(先大人)
- 모친(母親), 선비(先妣), 자당(慈堂), 선대부인(先大夫人)

② 어휘의 의미 성분분석

	가친	선친	춘부장	선대인	모친	선비	자당	선대부인
남(男)								
재(自)								
생(生)								

2 의미 관계와 의미 변화

언어의 구성 요소 간 관련이 있듯 개별 단어나 어휘의 의미 역시 관계를 맺으며, 시간의 흐름에 따라 다양한 원인에 의해 의미 변화가 일어나게 된다.

1. 어휘의 의미 관계

언어 체계 속의 어휘는 다른 어휘와 관계를 맺고 있다. 한 의미장에 속하는 개별 단어뿐만 아니라 서로 다른 의미장에 속하는 단어 사이에도 다양한 관계가 나타난다. '동의관계, 다의관계, 동음관계, 반의관계' 그리고 '상하관계' 등이다.

■ 동의관계(同義語 : synonymy)는 언어 형식이 다른 두 단어의 의미가 동일하거나 비슷한 관계를 가리킨다. 따라서 동의어는 어떤 문맥이나 상황 속에서 서로 교체될 수 있는 것이 원칙이다.

> **tip** 두 단어가 개념적 의미뿐만 아니라 그 밖의 의미까지 일치하는 경우가 거의 없다는 점에서 이를 '유의 관계'나 '유의어'(類義語)로 부르기도 한다.

| ❶ | ㄱ. 우리 모두 {화장실/변소/해우소}을(를) 깨끗이 사용합시다.
ㄴ. 제 {아내/처/마누라}는 요즘 자녀 교육문제로 힘들어한다. |

예문 ❶의 밑줄 친 단어들의 개념적 의미는 같지만 사회적 의미나 내포적 의미는 일치하지 않는다. 그 이유는 동의어가 생성되는 유형에서 찾아볼 수 있다.

| ❷ | ㄱ. 하루살이 - 날파리 - 깔따구 등
ㄴ. 콩팥 - 신장 / 와·과 - 이랑 - 하고
ㄷ. 소천하다 - 열반하다 - 선종하다 - 죽다
ㄹ. 밥 - 진지 / 딸 - 공주 / 청소원 - 환경미화원
ㅁ. 천연두 - 손님, 마마 / 똥 - 대변 / 오줌 - 소변 |

(❷ㄱ)은 방언의 차이, (❷ㄴ)은 문체 및 격식의 차이, (❷ㄷ)은 전문어의 사용, (❷ㄹ)은 내포적 의미의 차이, (❷ㅁ)은 완곡어 표현에 의해 동의어가 생성된다. 이들 유형의 기준이 사회적, 내포적, 연상적 의미를 달리하기 때문이다.

이와 같이 동의어는 소리는 다르지만 의미가 같거나 비슷하면서 미묘한 느낌의 차이를 드러낸다. 따라서 문맥이나 발화 상황을 고려하여 화자의 생각이나 느낌을 전달할 단어를 선택한다면 우리의 언어생활이 풍부해질 수 있을 것이다.

❷ 반의관계(反意語 : antonym)는 두 단어의 의미가 서로 반대되거나 대립되는 관계를 가리킨다. 두 단어의 의미가 '반대' 또는 '대립' 관계라는 것은 어떤 의미일까?

| ❸ | ㄱ. 코끼리 : 독수리 |
| | ㄴ. 아버지 : 어머니 |

예문 (❸ㄱ)이 (❸ㄴ)보다 더 많은 차이가 있지만 반의어는 아니다. (❸ㄴ)은 [+인간], [+어른]의 공통적인 의미 요소를 지니면서 오직 한 가지 의미 특성('성')만 다르다. 결국, 반의관계는 오직 하나의 차별성이 존재할 때 성립한다.

알/아/보/기 ― 반의관계의 기준

1. '할아버지'의 반의어는 무엇이며, 왜 '어머니'와는 반의관계가 안 되는가?
2. '아버지'의 반의어는 '어머니'인가 '아들'인가? 그 이유는 무엇인가?
3. '아버지'와 '딸' 그리고 '수캉아지'와 '암평아리'는 왜 반의관계가 아닌가?

반의어는 대립의 성격에 따라 몇 가지 유형으로 나누어진다. 크게 '상보 반의어', '등급 반의어', '관계 반의어'로 나뉘며 각각 하위로 다시 세분화하기도 한다.

④	죽다 - 살다, 있다 - 없다, 남자 - 여자

⑤	짧다 - 길다, 깊다 - 얕다, 높다 - 낮다

상보 반의어(④)는 상호 배타적 의미를 지녀 한쪽 단어의 단언과 다른 쪽 단어의 부정이 상호함의 관계에 놓인다('남자'는 '여자가 아니다'를 함의하고 그 역도 성립한다). 그리고 상호 긍정과 부정이 불가하며, 정도 부사의 수식을 받을 수 없고 비교 표현도 불가하다. 반면 등급 반의어(⑤)는 두 반의어 사이에 중간항이 있어 한쪽의 부정이 반드시 다른 쪽을 의미하지 않는다. 이는 한쪽의 단언과 다른 쪽 부정이 일방함의 관계에 놓인다('크다'는 '작지 않다'를 함의하지만 그 역은 성립하지 않는다). 그리고 '크지도 않고 작지도 않다'는 상호 부정이 가능하며, 정도 부사의 수식을 받고 비교 표현도 가능하다.

⑥	ㄱ. 오른쪽 - 왼쪽 / 남편 - 아내 / 가르치다 - 배우다 ㄴ. 가다 - 오다 / 열다 - 닫다 / 늘다 - 줄다 / 차다 - 비다 ㄷ. 시작 - 끝 / 출발선 - 결승선 / 요람 - 무덤 / 머리 - 발끝 ㄹ. 산 - 계곡 / 양각 - 음각 / 수나사 - 암나사 / 수키와 - 암키와

관계 반의어(⑥)는 두 단어가 상대적 관계를 형성하며 의미상 대칭을 이룬다. 즉 x가 y의 오른쪽에 있으면 y는 x의 왼쪽에 있는 관계가 된다. (⑥ㄱ)을 '역의관계'라 하는데, 서로 대체될 수 있는 두 단어의 관계를 뜻한다. (⑥ㄴ)을 '역행관계'라 하는데, 한쪽의 단어가 한 방향(→)으로 이동하는 것을 나타내고 다른 단어는 반대 방향(←)으로 이동하는 것을 나타낸다. (⑥ㄷ)을 '대척관계'라 하는데, 두 단어가 방향의 양쪽 끝을 나타낸다. (⑥ㄹ)을 '대응관계'라 하는데, 표면에서 위상의 차이를 보이는 관계이다.

③ 상하관계(hyponymy)는 한 단어의 의미가 다른 단어의 의미를 포함하는 관계를 가리킨다.

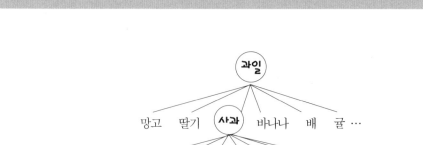

상하관계인 '과일' - '사과' - '부사'는 계층 구조를 형성하는데, 이 계층의 위쪽의 단어가 '상위어'(상의어)이고 아래쪽에 위치한 단어가 '하위어'(하의어)이다. 상위어가 일반적, 포괄적, 추상적 의미 영역을 갖는다면 하위어는 개별적, 한정적, 구체적 의미 영역을 갖는다.

④ 부분관계(meronymy)는 한 단어가 다른 단어의 부분이 되는 관계이다. '단어'는 '문장'을 구성하는 부분이기에 '부분−전체' 관계이다. 이때, 'X는 Y의 한 부분이다.' 또는 'Y는 X를 가지고 있다.'고 할 수 있다.

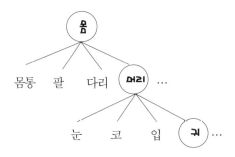

부분관계의 전체를 가리키는 단어를 '전체어'(holonym), 부분을 가리키는 단어를 '부분어'(meronymy)라 한다.

> tip 상하관계의 계층이 '종'을 기준으로 한다면 부분관계는 구분의 원리가 일치해야 한다. 따라서 '몸'에 대한 '몸통, 머리'와 '심장', '혈관'은 구분의 원리가 일치하지 않아 한 계층 구조에 동시에 나타날 수 없다.

※ **개념적 차이가 아닌 상하관계와 부분관계의 구별 방법에 대해 알아보자.**

① 이행적 관계

    ┌ A가 <u>과일</u>을 먹었다. A가 <u>사과</u>를 먹었다.　A가 <u>부사</u>를 먹었다.
    │　 :
    └ A에 <u>셔츠</u>가 있다.　셔츠에 <u>단추</u>가 있다.　단추에 <u>구멍</u>이 있다.
        :

② 일방함의 관계

    ● A가 <u>과일</u>을 먹었다. A가 <u>사과</u>를 먹었다.
        :

    ┌ B가 <u>얼굴</u>을 만지다. B가 <u>빰</u>을 만지다.
    │　 :
    └ B가 <u>컴퓨터</u>를 샀다. B가 <u>모니터</u>를 샀다.
        :

---

5 다의어(多義語 : polysemy)는 한 단어가 둘 이상의 의미를 갖는 단어이며, 동음어(同音語 : homonym)는 형태는 같으나 다른 의미를 지니는 단어이다.

> **tip** 동음어는 동의어와 대립하는 것으로 '(동음)이의어'(同音異議語)라고 한다. 영어의 'to, too, two'는 동일한 발음[tu]이지만 의미가 같지 않다.

다의어는 하나의 중심 의미와 다양한 주변 의미로 구성되는데, 이들 의미 사이에는 의미적 유사성이 존재하게 된다. 만약 의미 사이에 유사성이 존재하지 않으면 동음어에 해당한다. '손'의 사전적 풀이는 다음과 같다.

---

❼ 손¹[명사] ①사람의 팔목 끝에 달린 부분 ②손가락 ③일손 ④어떤 일을 하는 데 드는 사람의 힘이나 노력, 기술 ⑤어떤 사람의 영향력이나 권한이 미치는 범위 ⑥사람의 수완이나 꾀

---

❽ 손²[명사] 다른 곳에서 찾아온 사람
손³[명사] 〈민속〉 사람의 일을 방해한다는 귀신
손⁴[명사] 후손
손⁵[의명] 한 손에 잡을 만한 분량을 세는 단위

예문 ❼의 '손¹'은 모두 6가지 의미로 쓰이는데, 이들은 서로 관련성이 있는 다의어이기 때문에 한 어휘 항목으로 다루어진다. 그러나 예문 ❽의 '손²'~'손⁵'는 '손¹'과 아무런 의미 관련이 없기에 사전에서 별개의 어휘 항목으로 다루고 있다. 따라서 '손¹'~'손⁵'는 동음어에 해당한다.

구/별/하/기 ― 다의어 / 동의어

1. 다음 밑줄 친 '다리'의 사전적 의미에 대해 알아보자.

> - <u>다리</u>를 다치다
> - 이 의자는 <u>다리</u>가 하나 부러졌다.
> - <u>다리</u>가 부러진 안경
> - 그는 술안주로 오징어 <u>다리</u>를 씹었다.

2. 1의 정보를 바탕으로 할 때, 이들은 '다의어'인가? '동음어'인가?
3. 1의 '다리'와 "새벽에 한강 <u>다리</u>를 건넜다."의 '다리'는 어떤 의미 관계인가?

2. 어휘의 의미 변화

언어는 시간이 흐르면서 음운, 어휘, 문법, 의미 등에 변화가 일어난다. 이를 언어의 '역사성'이라 하였다. 언어의 구성 요소 중 특히 의미의 변화는 그 양상이 빠르고, 쉽게 인식된다는 점에서 의미론자의 관심을 끌었다.

① 의미의 변화는 단어의 중심적 의미기 편향(偏向)된 사용으로 인해 다른 의미로 바뀌는 것이다. J. Whatmough(1956)는 의미 변화의 원리를 다음의 그림으로 설명한다(崔昌烈·沈在箕·成光秀 共著, 1993 : 87, 재인용).

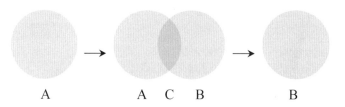

중심적 의미 A가 C(A와 B의 공존 시기)를 거쳐 중심적 의미 B로 바뀜.

2 의미의 변화로 단어가 지시하는 의미 영역에 변화가 일어난다. 그 결과 의미 영역이 확대되거나 축소되기도 하며, 때로는 제3의 다른 의미로 바뀌기도 한다. 이를 의미의 '확대, 축소, 전이'라 한다.

❶	식구 : 입(食口) → 가족(家族) / 왕 : 왕(王) → 축구왕, 암산왕 온 : 백(百) → 전부(全部) / 사장 : 회사 대표 → 중년 남성
❷	놈 : 사람(평어) → 남자(비어) / 미인 : 남녀 → 여성 늙다 : 老, 暮 → 老 / 짐승 : 유정물(사람, 동물) → 동물
❸	어엿브다 : 불쌍하다 → 예쁘다 / 인정 : 뇌물 → 인정(人情) 어리다 : 어리석다 → 幼少 / 방송 : 석방 → 방송(放送)

3 울만(Ullman : 1962)은 의미의 변화 원인을 6가지 제시했다.(그중, '외국어의 영향'이나 '새로운 명명의 필요성'은 다른 원인과 관련되기에) 언어적 원인, 역사적 원인, 사회적 원인, 심리적 원인에 대해 알아보기로 한다.

첫째, 언어의 음운, 형태, 문장의 구조에 영향을 받아 의미 변화가 일어난다. 이를 '언어적 원인'(言語的 原因 : linguistic causes)에 의한 의미 변화라 한다. 특정한 단어와 결합하여 의미가 전염된 예는 '결코, 전혀'('~아니다, ~없다'와 어울려 부정의 의미를 지님)이다. 단어나 문법 구성의 일부가 줄어, 생략된 부분의 의미가 잔여 부분에 감염된 예는 '콧물(코), 머리털(머리), 아침밥(아침)' 등이다. 한편 '행주치마'는 임란 전 문헌인 『훈몽자회』(1527)에 '힝ᄌᆞ쵸마'로 나타나 있다. 이는 '여자들이 일할 때 치마를 더럽히지 않기 위하여 그 위에 덧입는 작은 치마'란 뜻이었다. 그 후, 행주대첩의 '행주'와 관련시켜 이를 '행주산성 싸움에서 부녀자들이 돌을 나른 짧은 치마'란 의미로 생각하게 되었다. 그러나 행주치마의 '행주'는 지명이나 역사적 사건과 아무 관계가 없다. 이와 같이 말의 음성과 형태의 유사성에 의해 어원을 잘못 분석하는 것을 '민간어원'이라 한다.

둘째, 시간의 흐름에 따라 지시 내용은 바뀌는데 그 명칭이 그대로 사용될 때 의미변화가 일어난다. 이를 '역사적 원인'(歷史的 原因 : historical causes)에 의한 의미 변화라 한다. '바가지'(박 → 프라스틱), '배(舟)'(나무 → 철), '지갑'(종이 → 가죽) 등이 해당한다. 이에 의한 의미 변화는 언어의 보수성과 관련된다.

셋째, 특정한 사회 계층의 단어가 다른 집단에 차용될 때 의미 변화가 일어난다. 이를 '사회적 원인'(社會的 原因 : social causes)에 의한 의미 변화라 한다. 사회적 원인은 '의미의 일반화'(왕 : 임금 → 우두머리)와 '의미의 특수화'(operation : 작업, 협동 → 수술, 작전, 자금의 운용)로 나누어진다.

넷째, 화자의 심리 상태에 따라 의미 변화가 일어난다. 이를 '심리적 원인'(心理的 原因 : psychological causes)에 의한 의미 변화라 한다. '금기'(禁忌 : taboo) 현상에 따라 일반 사람들은 생사, 질병, 성, 불길한 대상을 직접적으로 표현하기보다는 완곡한 표현으로 대치하려는 심리가 있다. '천연두' 대신 '마마, 손님'을 쓴다든지 숫자 '4'를 쓰지 않거나 F를 사용하는 등과 같다.

2. 문장 및 화행 의미론

단어와 문장은 우리의 사고를 표현하는 언어생활의 기본 단위이다. 어휘 의미론과 달리 문장의 의미에 초점을 두고 연구하는 분야가 '문장 의미론'(sentence semantics) 이다. 그러나 실제 언어생활에서의 문장의 의미는 언어 외적인 요소에 의해 다양한 의미로 해석될 수 있다. 엄마의 "오늘 외식할까?"라는 질문에 아들의 "저녁 약속 있어요."는 독자적인 장면에서 대응할 수 없다. 그러나 실제 거절의 의미를 담는 표현으로 어색함이 없다. 이처럼 실제 발화한 장면과의 관계 속에서 발화한 문장의 의미를 연구하는 분야가 '화행 의미론'(speech-act semantics)이다.

1 문장 의미론

사실 인간은 의사소통 과정에서 문장으로 의미를 전달한다. 따라서 단어의 의미를 중요하게 생각하는 만큼 문장의 의미에 대해서도 탐구해야 한다. 문장의 의미에 대하여 고찰하는 의미론을 '문장 의미론'(文章意味論)이라 한다.

문장 의미론의 연구 대상은 다음과 같다. 첫째, 한 문장 내부의 의미 속성(향진성, 모순성, 변칙성, 중의성)에 대한 연구이다. 둘째, 문장과 문장 사이의 의미 속성(동의성, 모순성, 함의, 전제)에 대한 연구이다(윤평현, 2008 : 232).

1. 문장의 중의성

한 문장 안의 의미 속성 중 의사소통에 장애를 가져오는 것은 '중의성'이다. 중의성은 하나의 언어 표현에 둘 이상의 의미 해석이 가능한 현상으로, 중의성을 띤 문장을 '중의문'(中義文)이라 한다.

1 문장의 중의성은 어휘적, 구조적 그리고 비유적 중의성에 의해 나타난다. 어휘적 중의성은 문장 속 어휘적 특성에 의해 나타나는 중의성이다. 동음어와 다의어를 포함하는 문장에 주로 나타난다. 동작과 상태의 의미를 지니는 동사(입다, 쓰다, 감다, 타다 등)도 중의성을 드러내게 된다.

> **①**　ㄱ. 그는 말이 많다. 그와 손을 잡았다.
> 　　ㄴ. 그는 양말을 신고 있다.

구조적 중의성은 문장 성분들의 통사적 구조에 의해 나타나는 중의성이다. 수식 관계나 서술어와 호응하는 논항의 범주 또는 접속조사 '와/과', 부사의 수식 범위 등 다양한 원인에 의해 중의성이 드러난다.

> **②**　ㄱ. 예쁜 영희의 언니를 만났다.
> 　　ㄴ. 그는 철수와 친구를 때렸다.
> 　　ㄷ. 오늘 학생들이 다 오지 않았다.
> 　　ㄹ. 엄마는 나보다 개를 더 좋아한다.
> 　　ㅁ. 영호와 영수는 도서관에서 공부한다.

비유적 중의성은 비유적 표현에 의해 나타나는 중의성이다. 문학 작품 등에서는 화자가 표현의 효과를 높이기 위해 쓰지만 일상 언어생활에서는 의미 해석에 혼란만 줄 뿐이다. '호랑이/곰/여우/늑대 같다'는 호랑이의 용맹한 성격을 닮은 것인지 아니면 호랑이의 무서운 모습을 닮은 것인지가 명확하지 않다.

2 중의적 표현은 한 문장이 둘 이상의 의미로 해석되어 의사소통을 방해한다. 따라

서 문맥이나 발화 상황을 고려하여 어휘를 구사해야 하고, 한 가지 의미 구조를 드러내는 통사 구조로 모호성을 제거해야 한다. 일반적으로 어휘적, 비유적 중의성은 전·후의 문장으로 중의성이 어느 정도 해소된다. 그러나 구조적 중의성은 문장의 통사 구조를 분명하게 하는 방법 외에는 별다른 방법이 없다.

❷′
ㄱ. _____ .
ㄴ. _____ .
ㄷ. _____ .
ㄹ. _____ .
ㅁ. _____ .

❸ 관용적(慣用的) 표현은 둘 이상의 단어가 결합하여 원래의 의미와 전혀 다른 의미로 쓰이는 것이다. 숙어, 속담 등이 해당한다.

❸
용 례	의 미
ㄱ. 발이 넓다.	●
ㄴ. 쐐기를 박다	●
ㄷ. 머리를 굽히다.	●
ㄹ. 세 살 버릇 여든까지 간다	●

예문 ❸은 둘 이상의 단어가 한 덩어리로 굳어져 표현을 함부로 바꿀 수 없고 항상 단일어와 같은 기능을 하고 있다.

2. 형식 의미론(함의와 전제)

한 문장의 의미는 표면으로 드러나는 의미 외에 숨겨져 있는 의미가 있다. 예를 들어 "철수가 비를 맞았다."는 문장에는 "비가 내렸다."는 의미가 숨어 있다. 이처럼 두 문장 사이의 논리적 관계를 나타내는 개념에 '함의(含意)'와 '전제(前提)'가 있다.

1 함의(含意 : entailment)는 한 문장의 의미 속에 포함된 다른 의미로, 이의 진리조건은 다음과 같다.

> 문장 *p*가 참이면 반드시 문장 *q*가 참이고, 문장 *q*가 거짓이면 반드시 문장 *p*가 거짓일 때, 문장 *p*는 문장 *q*를 함의한다.

확/인/하/기

> - 문장 p : 철수가 비를 맞았다.
> - 문장 q : 비가 내렸다

1. 문장 p가 참이면 문장 q가 참인가?

2. 문장 q가 거짓이면 문장 p가 거짓인가?

3. 문장 p는 문장 q를 함의하는가?

문장의 함의 관계는 함의가 성립되는 방향에 따라 일방함의와 상호함의로 나뉜다.

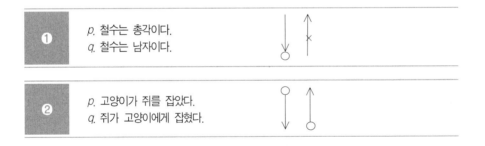

2 전제(前提 : presupposition)는 한 문장이 의미적 정당성을 갖기 위해 이미 참임이 보장된 다른 문장으로, 이의 진리조건은 다음과 같다.

> 문장 *p*가 참이면 반드시 문장 *q*도 참이고, 문장 *p*가 거짓이어도 문장 *q*가 참이면, 문장 *p*는 문장 *q*를 전제한다.

확/인/하/기

> - 문장 p : 철수의 형이 결혼한다.
> - 문장 q : 철수가 형이 있다

1. 문장 p가 참이면 문장 q가 참인가?

2. 문장 p가 거짓이어도 문장 q가 참인가?

3. 문장 p는 문장 q를 전제하는가?

③ 함의와 전제는 분명 다른 개념이지만 구별에 어려움이 많다. 그러나 이 둘의 분명한 차이점은 함의가 부정문에 의해 함의 관계가 사라지거나 모호해지는 반면 전제는 부정문에 아무런 영향을 받지 않는다.

※ **긍정문과 부정문에서 나타나는 함의와 전제의 차이점에 대해 알아보자.**

① 함의문 : 두 문장의 함의 관계를 설명해보자.
  - 긍정문 : 철수가 비를 맞았다.   • 비가 내렸다
  - 부정문 : 철수가 비를 맞지 않았다.   • 비가 내렸다

② 전제문 : 두 문장의 전제 관계를 설명해보자.
  - 긍정문 : 철수의 형이 결혼한다.   • 철수가 형이 있다
  - 부정문 : 철수의 형이 결혼하지 않았다. • 철수가 형이 있다

---

2 화행 의미론

언어는 발화 장면이나 상황에 따라 다양한 의미로 해석이 가능하다. 다음은 강의실에서 교수와 학생 간 주고받은 대화이다. 이에 대해 생각해보자.

■ 교수 : '강의실이 꽤 덥군요.'

학생 A : '네, 정말 더워요.

학생 B : '창문을 열까요?'

※ 교수의 말에 학생 A와 B가 서로 다른 언어 반응을 보인 이유는 무엇인가?

이와 같이 언어 표현과 언어 외적인 발화 장면(화자, 청자, 상황 등)을 고려하여 의미를 연구하는 분야가 '화행 의미론'(話行意味論)이다.

1. 화용의 구성 요소

화용론은 문장이 아닌 발화 단위에서 언어의 사용면을 다루는 학문으로, 언어의 구성 요소와 다른 점이 많다. 화용의 구성 요소는 언어 사용자의 발화와 관련한 부분과 발화의 의미 해석과 관련한 부분으로 구분할 수 있다.

① 언어 사용자의 발화는 화자, 청자, 화자~청자의 관계, 시간, 장소, 대화의 유형, 대화 전략, 정보 구조 등과 관련이 있다.

화자는 화용의 주체로, 화자의 변이에 의해 언어 양상이 달라진다. 즉 나이, 성별, 교육, 직업, 지역 등의 차이가 언어 사용에 영향을 끼친다.(발화에서 화자와 청자는 순환되기에 이들 변이는 청자에게도 영향을 끼친다). 발화에 참여하는 화자~청자의 상호작용(상보적 : 회의, 토의 등, 능.피동 : 청문회 등, 화자 중심 : 강연 등, 청자 중심 : 면접 등)에 따라 대화의 태도나 내용도 달라질 수 있다.

182

상황은 발화의 시간, 장소뿐만 아니라 공식적 및 비공식적 자리, 화제, 주제 등도 포함하는 포괄적 개념이다. 공적 및 사적, 직접 및 간접, 친교적 및 논쟁적 등의 대화 유형에 따라 언어 사용이 달라진다.

※ A의 언어 형식이 상황에 따라 어떤 의미로 사용될 수 있는지 알아보자.

> A : 어~, 힘들겠어요.

1.
2.
3.
4.

---

2 언어 사용자가 발화한 언어 형식의 의미 해석은 단어, 문장, 발화, 담화, 텍스트의 언어 단위와 관련이 있다.

전통적으로 단어와 문장은 문법론의 중심 대상이다. 따라서 기본적으로 단어와 문장의 의미에 대한 연구는 화용론의 대상이 아니라 할 수 있다.(화용론의 발화 단위는 하나 이상의 문장의 결합을 의미하기 때문이다.) 그러나 단어와 문장의 결합 없이 발화가 존재할 수 없기에 이들에 대한 연구도 화용론의 대상이다.

발화는 화자와 청자의 의사소통의 기본 단위로, 한 문장 이상으로 이루어진다. 담화는 화자와 청자가 한 가지 주제에 대해 교환하는 단위로, 결속성과 응집성을 갖춘 둘 이상의 문장으로 이루어진다. 텍스트는 결속성, 응집성을 갖춘 완결된 언어 단위이자, 가장 큰 언어 단위이다.

> ※ (1)~(3)은 의사소통의 단위이다. 발화, 담화, 텍스트 관점에서 분석해보자.
>
> (1) 겨울은 날씨가 춥다. 정부는 문제 해결의 대책을 마련해야 한다.
>
> (2) 겨울은 날씨가 춥다. 그래서 난방을 해야 하는데 비용이 덜 드는 석탄을 많이 활용한다. 그래서 정부가 나서야 한다.
>
> (3) 겨울은 날씨가 춥다. 이렇게 추운 겨울을 따뜻하게 보내기 위해서는 난방을 해야 하는데 많은 나라에서 석탄을 활용하고 있다. 그 결과 이에서 발생하는 위해 요소로 우리의 대기 환경이 매년 나빠지고 있다. 따라서 이러한 문제를 해결하기 위한 정부는 국내와 국외 요소를 정확히 파악하여 하루 바삐 대책을 마련해야 한다.

2. 화용의 분석-직시 표현

우리의 언어 표현에는 발화와 관련한 요소가 명시적으로 나오기도 한다. 그러나 화자가 발화와 관련한 어떤 대상(요소)을 직접 지시하게 되면 그것이 사용되는 장면에 따라 지시하는 바가 달라져 의미 해석에 어려움이 생길 수 있다. 따라서 언어 표현의 화행 의미를 정확히 파악하려면 이에 대한 이해가 필요하다.

① 직시(直示 : deixis)는 발화와 관련한 요소들을 직접 가리키는 문법 현상이다. 직시의 목적 달성을 위해 사용하는 '이, 나, 여기, 오늘, 이것' 등의 언어 형태를 '직시 표현'(↔ 비직시 표현)이라 한다.

---

❶
ㄱ. <u>나</u>는 <u>너</u>를 <u>어제</u> <u>이곳</u>에서 기다렸어.
ㄴ. 철수는 영희를 3월 14일 학교 도서관에서 기다렸어.

예문 (**❶**ㄱ)은 발화의 맥락인 화자, 청자, 시간, 장소를 '나', '너', '어제', '이곳'으로 직접 가리키는 '직시 표현'이다. 반면 예문 (**❶**ㄴ)은 같은 대상을 가리키지만 발

화 맥락을 직접 가리키지 않는 '비직시 표현'이다.

2 일상 언어생활에서 가장 빈번한 직시 표현은 사람, 장소, 시간을 지시하는 것인데, 모두 화자 자신을 기준으로 한다. 이처럼 어떤 대상을 지시할 때 중심이 되는 기준점이 필요한데, 이를 '직시의 중심'(deictic center)이라 한다.

> **❷**
> ㄱ. 나는 <u>이분</u>을 <u>저</u> 카페에서 보았어요.
> ㄴ. <u>내일</u>은 하루 종일 밖에서 일을 하고 있을 거예요.

예문 (**❷**ㄱ)의 직시 표현은 화자에게서 가까운 사람, 먼 곳을 가리키며, (**❷**ㄴ)은 화자가 발화한 시점으로부터 다음 날을 지시하고 있다.

한편, 화자는 직시의 중심을 청자에게로 이동하여 표현하기도 하는데, 이를 '직시의 투사'(deictic projection)라 한다.(아침 시간 때의 화자가 저녁 시간 때의 청자에게 인사말로 'good night'이라고 말하는 경우이다.)

3 직시 표현은 청자가 대화의 여러 맥락들에 대한 사전 정보를 가지고 있느냐 아니냐에 따라 제스처 용법과 상징적 용법 두 가지로 구분한다.

> **❸**
> ㄱ. <u>자네</u>, <u>자네</u>, <u>자네</u>는 수업 후 <u>나</u>를 따라 오게.
> ㄴ. <u>저분</u>의 허락을 받으면 <u>나</u>도 <u>너</u>와 함께 여행갈 수 있어.

예문 (**❸**ㄱ)의 밑줄 친 직시 표현에는 지시하는 대상을 명확히 하기 위해 손동작 등의 제스처가 수반되어야 한다. 반면 (**❸**ㄴ)에는 대화의 전·후 맥락에서 지시 내용을 파악할 수 있다는 전제하에 제스처가 수반될 필요가 없다.

4 화자가 맥락 상황 속의 대상을 직접 지시하는 대상은 크게 다섯 가지, 즉 인칭(사

람), 시간, 장소, 담화, 사회 직시이다.

인칭 직시는 화자가 발화 관련 인물을 직접 지시하는 것이다. 인칭대명사로 실현되면서 발화 속 인물 간의 사회적 신분이나 관계를 드러낸다.('저, 저희'라는 화자 직시는 청자와의 사회적 관계를 알려준다.)

 확/인/하/기—1인칭 복수 표기 '우리'

1. '우리 같이 밥 먹자.'와 '너는 여기 있고 우리만 올라간다.'의 '우리'는 청자를 포함하느냐 아니냐?
2. 1의 '우리'를 낮출 수 있는 경우는 어떤 경우인가?
3. 1인칭 복수형의 '우리'가 단수의 뜻으로 쓰이는 경우에 대해 알아보자.

시간 직시는 화자가 사건이 일어난 시간을 직접 지시하는 것이다. 즉 발화시를 기준으로 사건이 일어난 시간을 부사나 시제 표현으로 지시할 수 있다. 그러나 '나는 내일 고향에 간다.'에서처럼 시제 선어말어미와 그것이 지시하는 사건시가 반드시 일치하는 것은 아니다.

장소 직시는 화자가 발화와 관련한 사람, 사물의 공간적 위치를 직접 지시하는 것이다. 화자와의 거리 차이에 따라 '이리, 여기, 이곳/저리, 저기, 저곳/그리, 거기, 그곳' 등으로 나타난다.

담화 직시는 화자가 발화 속의 특정 담화를 직접 지시하는 것이다. 이때 언어 표현의 지시물을 가리키는 '조응'(anaphora)과의 구별에 유의해야 한다.

> **④** ㄱ. 나는 너를 사랑한다. <u>이것</u>은 내 진심이야.
> ㄴ. 나는 영희를 사랑한다. <u>그녀</u>는 대단한 미인이야.

예문 (❹ㄱ)의 '이것'은 선행하는 담화를 가리킴에 반해 (❹ㄴ)의 '그녀'는 '영희'를 가리킨다. 그런데 이때의 '그녀'는 '영희'라는 언어적 표현을 지시하는 것이 아니라 그것이 가리키는 지시 대상으로서의 '영희'를 지시한다.

사회 직시는 화자가 발화를 통해 참여자의 사회적 신분 또는 관계를 직접 지시하는 것이다. 사회 직시는 국어의 높임법 체계와 밀접한 관련을 맺고 있다.

| ❺ | ㄱ. 철수가(선생님께서) 온다(오신다).
ㄴ. 고맙습니다 - 고맙소 - 고맙네 - 고마워 |

예문 (❺ㄱ)은 주체 높임법에 의한 사회적 관계가 나타나며, (❺ㄴ)은 상대 높임법에 의한 사회적 관계가 나타나고 있다.

187

제Ⅱ-3강

언어의 표기 : 문자론

1. 문자와 발전 과정

언어는 자의적인 기호 체계이다. 우리는 지금까지 음성 기호를 중심으로 언어의 구성 요소에 대해 살펴보았다. 그러나 인간은 음성 기호가 지니는 한계를 극복하기 위해 새로운 기호 체계를 고안하게 되는데 그것이 바로 '문자'이며, 음성 언어와 대비하여 '문자 언어'라 한다.

1 문자의 필요성

우리의 의사소통이 음성 언어로 이루어진다는 점에서 이를 '제1차적 언어'라 한다. 그러나 사회 구조가 복잡하고 생활의 범위가 확대되면서 시간적, 공간적 제약이 많은 음성 언어를 보조할 문자 언어가 필요하게 되었다. 이를 '제2차적 언어'라 한다. 다음 두 가지 사례를 통해 문자 언어의 필요성에 대해 알아보자.

상황 A : 구석기인들이 성공적인 사냥을 원하는 내용을 표현하는 방법

상황 B : 과거의 철학자, 과학자들이 남긴 명언이나 기술을 아는 방법

두 상황은 그림과 글로 현재의 우리와 소통을 하고 있다. 음성 언어의 한계를 극명하게 보여준 대표적 사례이자, 문자 발달의 과정을 잘 보여주고 있다.

2 문자의 발전

인간은 의사소통을 위한 시각적인 기호를 강구하면서 문자를 만들었다. 이를 '문자 이전 시대'와 '문자 이후 시대'로 구분하여 살펴보자.

울주의 암각화

1. 문자 이전 시대

문자가 발명되기 이전, 인간은 눈금을 새긴 막대기(messenger stick)나 길이나 색깔이 다른 매듭(quipus) 등을 기억 보조 수단으로 사용하였다.

그 후, 그림으로 좀 더 다양한 내용을 담을 수 있었지만 진정한 의미의 문자라고는 할 수 없다. 왜냐하면 동일한 그림이 항상 동일한 의미로 해석되기 어렵기 때문이다.

[그림 1]   [그림 2]   [그림 3]

[그림 1]이 표현하고자 하는 것은 무엇일까? '계란 프라이가 먹고 싶다.', '계란 프라이를 해 달라.', '내가 계란 프라이를 해 준다.' 중 어디에 가까울까? [그림 2] 역시 '꽃을 사 달라.', '꽃을 사 주마.', '꽃이 예쁘다.' 등 여러 해석이 가능하다. 그러나 [그림 3]이나 도로 교통 안내도 및 신호등, 화장실 안내 그림 등은 보는 이에게 분명한 내용을 전달하기에 여러 나라에서 많이 활용하고 있다.(이를 넓은 의미의 문자에 포함시켜 '그림 문자'라 하기도 한다.)

2. 문자 이후 시대

인류의 문자 생활은 표의 문자인 '상형 문자'를 시작으로 '표음 문자'로 진화하였다. 표음 문자는 다시 '음절 문자'와 '음소 문자'로 구분 지을 수 있다.

1 자신의 생각을 그림으로 표현하던 그들은 사물의 모양을 간략한 그림으로 형상화시키는 과정에서 최초의 문자를 생성하였다. 사물의 모양을 본떠 만들었다 해서 이를 '상형 문자'(象形文字 : pictographic writing)라 한다.(4대 문명 발상지인 이집트, 메소포타미아, 인더스, 황하를 중심으로 상형 문자가 사용되었다.)

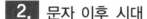

2 상형 문자는 표의 문자로 '동(東), 동(洞), 동(動), 동(同), 동(銅)…'처럼 소리가 같음에도 뜻이 다른 여러 글자를 만들고 기억해야 하는 부담이 크다. 이런 이유로 뜻과 관계없이 특정한 소리를 대표하는 '표음 문자'가 탄생하게 된다.

표음 문자(表音文字)는 소리의 단위가 음절인 음절 문자와 음소인 음소 문자로 구분한다. '음절 문자'는 한 음절을 한 글자로 표기하는 일본의 가나 문자가 대표적이다. '음소 문자'는 자음과 모음이 분리되는 점에서 음절 문자와 다르며 영어의 알파벳과 우리의 한글(음소의 특징을 낱글자의 형태에 반영해서 만든 '자질 문자')이 대표적인 예이다.

2. 훈민정음 이전의 표기법

인간은 누구나 음성 언어를 사용하지만 문자 언어를 구사하지 못 하거나 심지어 그런 문자가 없는 경우도 많다. 오늘날 문자의 유·무는 문명인과 야만인 또는 미개인의 구별 기준이 되기도 한다. 우리는 고유 문자를 가지지 못했던 오래전부터 문자 언어생활의 중요성을 인식하여 독자적인 표기법을 마련하였다.

1 차자 표기법의 정의

고대 우리는 이중적인 언어생활을 하고 있었다. 한국어를 사용하면서 이를 표기할 문자를 갖추고 있지 않았기 때문이다. 이런 현실 속에서 이웃한 중국의 한자를 빌려와 표기할 수밖에 없었고, 남의 문자를 빌려와 우리말을 적었다 하여 이를 '차자(借字) 표기법'이라 한다.(차자 표기법은 한자만 빌려 표기했을 뿐 우리의 독자적인 표기법이다.)

한자의 차자 표기 방법은 두 가지이다. 즉 한자가 지니고 있는 뜻과 음을 이용하는 방식으로 전자를 '훈차'(訓借)라 하고, 후자를 '음차'(音借)라 한다. "나는 너를 사랑한다."를 다음과 같이 표현했을 때의 차이에 대해 생각해보자.

- 가 : na-neun neo-reul sarang-handa.
- 나 : I you love.

(가)와 (나)의 표현 방식에는 공통점과 차이점이 공존한다. 먼저 (가)와 (나)는 영어에 없는 표현이며, 우리말의 어순을 따르고 있다. 반면 (가)는 영어의 발음을 빌린

193

것이고, (나)는 우리말과 동일한 뜻을 지닌 단어를 빌린 것이다.

> ※ 다음 한자어 차자 표기에서 훈차와 음차가 쓰인 부분을 구별해보자.
>
> (1) 고슴돝(고슴도치) : 古參猪
> (2) 한밭 : 大田
> (3) 길동 : 永同

2 차자 표기법의 변천

한자의 차자 표기는 인명이나 지명의 고유명사 표기로부터 출발하였다. 대부분은 우리말에 대응하는 한자어로 표기했지만 그 대응 관계가 없는 고유명사는 한자의 음과 뜻을 이용해 표기해야만 했기 때문이다.

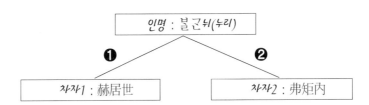

차자 표기 ❶은 '붉 : 赫(붉을 혁)', '은 : 居(살 거)', '뉘 : 世(누리 세)'의 훈차 중심의 표기이다. 차자 표기 ❷는 '붉 : 弗(아니 불)', '은 : 矩(법 구)', '뉘 : 內(안 내)'의 음차 중심 표기이다.

▣ 단어가 아닌 문장 차원의 차자 표기는 서기체(誓記體)에 나타난다. 이는 AD 6C경 임신년에 만들어진 비석의 한자 표현으로, 한자를 우리말의 어순에 따라 배열한 것이다.

壬申年六月十六日二人幷誓記天前誓… 임신년 *6월 16일 두 사람이 함께 맹서하여 쓴*
다. 하늘 앞에 맹서하여 …

② 서기체 표기는 조사나 어미를 표기하지 않아 의미 해석에 어려움이 따랐다. 그 후,
서기체 표기에 조사와 어미를 차자하여 덧붙인 것이 이두(吏讀) 표기이다.

辛亥年二月卄六日 南山新城作節 如法以 作後三年崩破者 罪教事爲 聞教令誓事之 신해
년 2월 26일 남산신성을 지을 때에 만약 법으로 지은 뒤 삼년에 붕파하면 죄주실 일로
삼아 (국왕이) 들으시게 하여 맹세하는 일이다.

③ 구결 표기는 한문에 조사와 어미 역할을 하는 토를 차자하여 덧붙인 것이다. 주로
유교와 불교의 경전에 토를 붙여 독해력을 증진시키려는 목적이다.

天地之間 萬物之衆 惟人最貴 所貴乎人者 以其有五倫也

⬇

구결 : 天地之間 萬物之衆厓 惟人伊最貴爲尼 所貴乎人者隱 以其有五倫也羅
천지 사이에 있는 만물의 무리 가운데에 오직 사람이 가장 존귀하니 사람
을 존귀하게 여기는 것은 오륜(五倫)이 있기 때문이니라.

④ 향찰은 한자를 이용한 한국어의 전면적 표기이자 향가의 표기법이다.

善化公主主隱	선화공주니믄	선화공주님은
他密只嫁良置古	눔그스지 얼어두고	남몰래 결혼하여 두고
薯童房乙	맛둥바올	맛둥 서방을
夜矣卯乙抱遣去如.	바믹 몰 안고가다	밤에 몰래 안고가다
(1구) 主 : 님 주		
(2구) 他 : 남 타 密 : 그윽할 밀 嫁 : 시집갈(얼다) 가 置 : 둘 치		
(3구) 薯 : 마 서		
(4구) 夜 : 밤 야 抱 : 안을 포 去 : 갈 거 如 : 다 여		

3. 훈민정음 창제

영국의 언어학자 샘슨(G.Sampson)은 한글을 인류가 쌓은 가장 위대한 지적 성취의 하나라고 지적하며, 세계 문자사와 문자론은 한글로 인하여 새롭게 정리되었다고 평가하였다. 한글은 글자의 모양과 기능을 관련시킨 문자이자, 글자 모양 또한 조음 기관을 본뜬 문자로서, 이러한 착상은 인류의 문자사에 있어 전후무후한 일이기 때문이다(전정례 외, 2002 : 91).

1 훈민정음의 제자 원리

『조선왕조실록』의 "이달에 임금이 진히 언문(諺文) 28자를 지었는데 그 글자가 옛 전자(篆字)를 모방하고…."라는 기록에서 여러 기원설이 나왔다. 즉 한글이 인도(梵字, 산스크리트어), 몽고(파스파), 거란 등의 문자를 모방했다는 설부터 고대 문자, 창호 기원설 등 다양한 주장이 있어 왔다. 그러나 1940년 『훈민정음 해례본』이 발견되면서 혼란한 이 문제에 종지부를 찍었다.

1. 상형(象形)의 원리

『훈민정음 해례본』의 제자해(制字解)에 다음과 같이 제자 원리를 밝히고 있다.

> 正音二十八字 各象其形而制之
> "정음 28자는 모두 그 모양을 본떠 만든 것이다."

1 훈민정음의 초성 17자 중, '아, 설, 순, 치, 후'의 다섯 기본자의 제자 원리는 다음 과 같다.

牙音 ㄱ 象舌根閉喉之形 : *허뿌리가 목구멍을 닫는 모양*

舌音 ㄴ 象舌附上齶之形 : *혀가 윗잇몸에 닿는 모양*

脣音 ㅁ 象口形 : *입의 모양*

齒音 ㅅ 象齒形 *이의 모양*

喉音 ㅇ 象喉形 *목구멍의 모양*

2 훈민정음의 중성 11자 중, 세 기본자의 제자 원리 또한 같다.

ㆍ 形之圓 象乎天 : *ㆍ는 둥근 모양으로 하늘을 본뜨다.*

ㅡ 形之平 象乎地 : *ㅡ는 평평한 모양으로 땅을 본뜨다.*

ㅣ 形之立 象乎人 : *ㅣ는 서 있는 모양으로 사람을 본뜨다.*

2. 가획(加劃)의 원리

훈민정음 초성 17자 중 기본자를 제외한 12자는 기본자에 획을 더하는 방식으로 만들었다. 가획으로 (파열음)이 되고 다시 차청(유기음)이 된다. 결국 동일한 조음 위치에서 소리 나는 다른 음을 시각적으로 구분하기 위한 방안이었다.(이체자 ㆁ, ㄹ, ㅿ도 가획에 의해 만들어졌지만 소리가 거세지는 것은 아니다.)

훈민정음은 상형의 원리로 초성자의 조음 위치를 나타내었으며, 가획의 원리로 조음 방법을 나타낸 체계적이며 과학적인 문자이다. 획이 더해질수록 새로운 음성 자질이 추가된다는 점에서 샘슨은 훈민정음을 '자질 문자'로 분류하였다.

3. 결합(結合)의 원리

훈민정음 중성 11자 중 기본자를
제외한 8자는 기본자로만 결합한 초
출자(4)와 초출자에 다시 기본자 'ㅣ'
를 결합한 재출자(4)로 구성되었다.

즉, 'ㆍ'와 'ㅡ' 그리고 'ㆍ'와 'ㅣ'를 결합하여 초출자 'ㅗ, ㅏ, ㅜ, ㅓ'를 만들었고, 초
출자 'ㅗ, ㅏ, ㅜ, ㅓ'에 기본자 'ㅣ'를 결합하여 'ㅛ, ㅑ, ㅠ, ㅕ'를 만들었다.

4. 철학(哲學)의 원리

『훈민정음 해례본』의 제자해(制字解)는 '天地之道 一陰陽五行而已'(하늘과 땅의 이치는 하
나의 음양오행뿐이다.)를 전제로 '故人之聲音 皆有陰陽之理'(고로 사람의 말소리도 모두 음양의 이치가
있다.)를 주장한다.

2 훈민정음의 우수성

세계의 문자 중 한글처럼 창제자와 창제 시기 그리고 창제의 원리가 명확한 문자
가 많지 않다. 한글은 『훈민정음 해례본』에 이들 정보들이 기록으로 남아 있기 때문
이다. 그럼으로써 한글의 조직성, 독창성 그리고 과학성이 증명되고, 특히 지금과 같
은 정보 사회에서 그 가치가 더욱 빛을 발하고 있다.

첫째, 기본자 창제 후 나머지 글자를 만든 제자 과정뿐만 아니라 동일한 음성 계
열의 글자 모양이 공통점을 띤다는 점에서 한글은 매우 체계적, 조직적이다.

둘째, 음성 산출에 관여하는 발음 기관을 정확히 인식하고 있었으며, 각 발음 위
치에서 나오는 소리 하나하나에 대한 음성학 및 음운론적 지식이 매우 정확했으며
치밀했다.

3 훈민정음의 변천

세종 28년(1446년)에 창제된 훈민정음은 시간이 지나면서 여러 변화를 겪는다. 문자의 변화는 말할 것도 없거니와 '훈민정음'의 명칭도 '한글'로 바뀌었다. 그리고 훈민정음 창제 당시 기록에 남아 있지 않았던 자·모음의 이름과 오늘날과 같이 자·모음이 배열된 시기를 알 수 있는 문헌이 발견되면서 그 구체적 변화 양상을 이해할 수 있게 되었다. 그리고 오늘날 한글날 기념일이 10월 9일인 이유에 대해서도 밝힐 수 있게 되었다.

1. 명칭의 변화

세종실록 권 102의 '是月訓民正音成御制'와 '我殿下創製正音二十八字'의 기록에 따라 우리의 문자는 '훈민정음'(백성을 가르치는 바른 소리)과 '정음'으로 불렸다. 그러나 한자와 한문에 익숙했던 양반 사대부들은 이를 '언문'(諺文 : 한글을 낮잡아 부른 말↔眞書 : 한문을 높여 부르는 말)이라 불렀다.

그 후, 외국과의 교류가 빈번해져 국가와 민족 그리고 국어에 대한 의식이 생기면서 우리 민족 고유의 문자 가치를 인정하여 '국문'(國文 : 나라 고유의 글자, 또는 그 글자로 쓴 글)이라는 명칭으로도 부르게 되었다.

오늘날 '한글'이라는 명칭은 우리말 연구와 교육에 모든 힘을 쏟았던 주시경으로부터 시작된 것으로 보인다. 어린이 잡지 '아이들보이'(1913. 9.)의 '한글풀이'난이 '한글'명이 사용된 최초 기록이다. 그 후로 '한글' 명칭이 일반화되었다.

2. 자모의 순서와 명칭

세종 당시 한글 자·모의 배열순서는 오늘날과 달랐다. 자·모음이 오늘날과 유사한 순서로 배열된 시기는 중종 22년 최세진의 『훈몽자회』 출간 때부터이다.

199

1446년 :
초성 : ㅇ ㄱ ㅋ ㄷ ㅌ ㄴ ㄹ ㅁ ㅂ ㅍ ㅅ ㅈ ㅊ ㅿ ㆁ ㆆ ㅎ
중성 : ㆍ ㅡ ㅣ ㅗ ㅏ ㅜ ㅓ ㅛ ㅑ ㅠ ㅕ

↓

1552년 :
초성 : ㄱ ㄴ ㄷ ㄹ ㅁ ㅂ ㅅ ㆁ ㅈ ㅊ ㅿ ㆁ ㅎ
중성 : ㅏ ㅑ ㅓ ㅕ ㅗ ㅛ ㅜ ㆍ ㅡ ㅣ

훈민정음 창제 당시 세종은 자·모음의 음가에 대한 설명만 했지, 이들의 이름에 대해서는 언급하지 않았다. 최세진의 이 문헌에는 자·모음의 이름에 대한 기록이 나타난다.

1446년 :
초성 : ㄱ字如君字初發聲 …
중성 : ㆍ 字如呑字中聲 …

↓

1552년 :
ㄱ其 ㄴ尼 ㄷ池 ㄹ梨 ㅅ時… ㅏ阿 ㅑ也 ㅓ於 …
役 隱 末 乙 衣

※ 말(末)과 의(衣)는 한자의 음이 아닌 뜻으로 해석해야 한다. 즉 '귿(끝)'과 '옷'의 뜻이어서 '디귿'(구개음화 현상이 일어나지 않음)과 '시옷'으로 읽었다.

3. 한글날의 변화

세종의 훈민정음 창제일은 언제일까? 현재처럼 10월 9일이었을까? 이와 관련한 국립국어원의 설명은 다음과 같다.

한글날이 오늘날과 같이 10월 9일로 정해지게 된 데에도 곡절이 많았다. 세종은 한글을 만드는 작업을 은밀하게 추진했기 때문에, 실록에도 한글 창제와 관련된 기록이 분명히 나오지 않는다. 왕과 관련된 대부분의 사건은 날짜를 정확히 명시해서 기록을 하는 게 일반적인데, 한글 창제와 관련된 기록은 실록에 전혀 보이지 않다가 1443년(세종 25) 12월조의 맨 끝에 날짜를 명시하지 않고서 그냥 '이번 달에 왕이 언문 28자를 만들었다'는 기록이 나온다. 그리고 3년 뒤인 1446년(세종 28) 9월조의 맨 끝에 역시 날짜를 명시하지 않고서 '이번 달에 훈민정음이 완성되었다(是月訓民正音成)'는 기록이 나온다.

이 두 기록을 놓고서 현대의 학자들은 약간의 혼란에 빠졌다. 그래서 1443년 12월에 한글이 일단 만들어지기는 했지만 거기에 문제점이 많아서 수정·보완하는 작업을 3년 동안 해서 1446년 9월에 한글을 제대로 완성했다는 식으로 해석을 내리게 되었고, 그렇다면 1443년 12월보다는 1446년 9월을, 한글이 만들어진 시기로 보는 것이 좋겠다고 생각하게 된 것이다. 그런데 실록에 9월 며칠인지 날짜가 명시되어 있지 않으니 그냥 9월 그믐날로 가정하고 양력으로 환산하여 10월 29일을 한글날로 정하게 되었다.

그러다가 1940년대에 방종현(方鍾鉉) 선생이 실록의 1446년 9월조의 기록은 문자로서의 한글이 완성된 것이 아니라 [훈민정음(訓民正音)]이라는 책(소위 해례본)이 완성되었다는 뜻으로 해석해야 함을 지적하였다. 실록의 1446년 9월조의 기록을 잘못 해석하였던 학자들은 한편으로 민망하긴 했지만, 1446년 9월에 훈민정음이 반포되었으니 이 때를 한글날로 정해도 크게 잘못된 것은 아니라는 식으로 변명을 하였다. 그래서 10월 29일이 한글날로 계속 유지되었다. 그러나 1446년 9월에 훈민정음이 반포되었다는 것도 근거가 없는 주장이다. 실록의 1446년 9월조 기사는 훈민정음 해례본의 원고가 완성된 것을 세종에게 보고하는 내용이다. 당시 원고가 완성된 뒤에도 책이 간행되어 신하들에게 하사되기까지는 통상 몇 달 이상 걸린다. 따라서 1446년 9월에 훈민정음이 반포될 수는 없는 것이다. 요즘 '훈민정음 반포도'라는 그림까지 그려서 걸어 놓은 곳도 있는데, 당시에 세종이 훈민정음을 반포하는 어떤 공식 행사를 열었다는 기록도 없다. 요컨대 한글날이 10월 29일로 정해졌던 것은 학자들의 사료에 대한 오해에서 비롯된 웃지 못할 사건이었던 것이다.

그러다가 훈민정음 해례본의 원본이 발견되었다. 그런데 그 정인지의 서문에 '세종 28년 9월 상순'이라고 날짜가 적혀 있다. 역시 정확한 날짜는 아니나 애초에 9월 그믐으로 잡았던 것에서 20일 정도 앞당길 필요가 생기게 된 것이다. 그래서 10월 29일에서 20일을 앞당겨서 10월 9일을 한글날로 정하게 되었다.

― http://www.korean.go.kr/hangeul/origin/001.html

언어의 역사 : 계통론

1. 언어의 분류

세계의 언어를 분류하는 방법에는 두 가지가 있다. 첫째는 언어의 친족 관계에 따른 역사적, 계통적 분류이다. 둘째는 언어의 구조적 유사성에 따른 형태적 분류이다. 이 중, 언어 사이의 계통적 유사성을 밝혀 그들의 공통 조어를 발견하고 그 변화의 과정을 밝히려는 언어학의 한 분야가 '계통론'(systematics)이다.

1 언어의 구조적 유사성

언어의 분류 방법 중, 언어의 계통에 관계없이 언어의 구조적 유사성에 기초하여 언어를 몇 가지 유형으로 분류하는 학문이 '언어 유형학'(linguistics typological)이다. 언어의 형태나 문법 구조를 기준으로 4가지 언어로 유형화할 수 있다.

1 고립어(孤立語)은 어형 변화(語形變化)를 하지 않고, 주로 어순(語順)에 의해 문법적인 관계를 나타내는 언어를 말하는데, 중국어·베트남어가 이에 속한다.

> **①** 我愛他 : 나는 너를 사랑한다. ↔ 他愛我 : 너는 나를 사랑한다.

2 굴절어(屈折語)은 격(格)·수(數)·시제(時制)와 같은 문법 형식을 나타내는 데 있어서 다른 요소를 첨가시키지 않고 그 단어의 어형을 변화시키는 언어를 말하며, 영어·독일어·프랑스어·그리스어·라틴어 등이 이에 속한다.

②	He gave me a pen. His father was a teacher.

③ 교착어(膠着語)는 실질적인 의미를 나타내는 단어에 조사(助詞)와 같은 문법적 요소를 붙여 문법적인 관계를 나타내는 언어로, 한국어·일본어·몽골어·터키어 등이 속한다.

③	나는 너를 사랑한다. = 私は あなたを 愛する°

④ 포합어(抱合語)는 문(文)을 구성하는 요소가 긴밀히 결합하여 이들 전체가 하나의 문(文)을 형성하는 언어로서, 에스키모어·미국 인디언어·아이누어 등이 이에 속한다.

④	a-e-kore.(나는 너에게 주겠다.)

※ a는 '나', e는 '너'의 변형으로서 하나의 동사 속에 주어와 목적어의 요소가 함께 들어 있다.

2 역사 비교 언어학의 탄생

제2강 '언어 연구의 흐름'에서 과학적 학문으로서의 언어학이 비교 언어학으로부터 출발했음을 알았다. 1786년 영국의 동양학자였던 윌리엄 존스(William Jones)은 유럽과 인도라는 지역적 차이에도 불구하고 그리스어와 라틴어 그리고 인도 고대어(산스크리트어)가 동일 언어였음을 주장하였다.

그리스어	라틴어	산스크리트어	영어
Phrater	Frater	Bhrata	Brother
Pater	Pater	Pita	Father
Treis	Tres	Trayas	Three

여러 언어들의 유사성에 기반하여 언어들 사이의 공통 조상을 찾고 그들의 친족 관계를 밝히려는 역사 비교 언어학이 시작되기에 이르렀다. 결국 단어들의 유사성은 이 단어를 사용하는 언어가 모두 한 뿌리의 언어(부모어, 공통 조어 또는 조상 언어)에서 출발했다는 것을 짐작하게 하는 것이다. 그 조어에서 갈라져 나온 언어들은 다른 언어와 함께 '어족'(語族, language family)을 형성하고 있다.

1. 유사성의 기준

언어의 계통을 밝히기 위해서는 언어의 제요소, 즉 음운, 형태, 통사, 의미 등의 유사성을 기준으로 해야 한다. 그러나 오래전 언어 모습을 확인할 수 있는 기록의 한계로 현존하는 언어들의 계통을 밝히기란 쉽지 않다.

언어의 계통 연구에서는 수사, 신체어, 친족어, 기본 동작어와 같이 일상생활에서 많이 쓰이는 단어들의 유사성에 주목한다. 왜냐하면 같은 조상을 이루는 언어라면 오래전부터 동일하거나 비슷한 기본 단어들을 구사하였을 것이기 때문이다. 또한 규칙적인 음운 대응이 발견된다면 그 친근성은 더 명확해질 것이다.

❶	ㄱ. 버스(Bus), 라디오(Radio), 커피(Coffee) ㄴ. 물 : mu(퉁구스어), mören(몽골어), murän(튀르크어)

예문 ❶의 두 예에서 한국어와 영어 그리고 기타 언어들과의 유사성을 발견할 수 있다. (❶ㄱ)의 유사성은 외래어를 받아들이는 과정에서 생긴 결과이지 결코 두 언어의 기원이 같아서가 아니다. 반면 (❶ㄴ)의 한국어 어두 'ㅁ'과 알타이 제어의 'm'이 대응 관계를 형성하고 있어 동일한 어족에 속할 개연성이 많다. 이처럼 언어의 친족을 확립하기 위해서는 음운 대응 법칙이 수립되어야 하고, 이 법칙을 수립하기 위해서는 많은 용례들을 수집해야 한다.

2. 세계어의 어족

현재 세계에는 여러 언어가 존재한다. 그러나 그 언어들의 친족 관계가 인구어족의 언어처럼 명확히 밝혀진 것은 아니다. 그들 언어의 과거 모습을 확인할 수 있는 기록이 남아 있지 않기 때문이다. 그럼에도 불구하고 비교 언어학의 도움으로 언어들의 대략적인 어족 분류가 가능하다(김방한 외, 1982 : 226~241).

1 인구어족(Indo-European)은 19C 비교 언어학에 의해 그 친족 관계가 비교적 자세히 밝혀졌다. 이들은 다시 그 하위로 몇 개의 어파로 구분된다. 먼저 덴마크어·네덜란드어·영어·독일어·아이슬란드어·노르웨이어·스웨덴어 등의 게르만어파(Germanic)가 있다. 라틴어·프랑스어·이탈리아어·포르투갈어·에스파냐어 등의 로망스어파(Romance), 불가리아어·체코어·폴란드어·러시아어·우크라이나어 등의 슬라브어파(Slavic), 그리스어의 그리스어파(Greek), 뱅골어·힌디어·마라티어·펀자브어·우르두어 등이 속하는 인도·이란어파(Indo-Iranian)로 구분된다.

2 함·셈어족(Hamito-Semitic) 또는 아프리카-아시아어족(Afro-Asiatic)에는 이집트어·아랍어·헤브라이어(히브리어)·에티오피아어 등이 속한다.

3 우랄어족(Uralic)에는 핀란드어·에스토니아어·랩어 등의 핀-우그르어파(Finno-Ugric)와 네네츠어·에네츠어 등의 사모예드어파(Samoyed)가 이에 속한다.

4 중국·티베트어족(Sino-Tibetan)에는 중국어·미얀마어·타이어·티베트어·베트남어 등이 속한다.

5 말레이·폴리네시아어족(Malayo-Polynesian), 오스트로네시아어족(Austronesian) 또는 남도어족·남방어족이라 불리는 이에는 인도네시아어·타갈로그어 등이 속한다.

6 드라비다어족·(Dravidian)에는 타밀어·텔루구어·칸나다어 등이 속한다.

7 아메리카·인디언어족(American-Indian)에는 에스키모어(이누이트어)·나바호어
등이 속한다.

8 알타이어족(Altai)에는 터키어·몽골어·만주퉁구스어 등이 이에 속한다.

2. 한국어의 계통적·형태적 분류

19C 중엽 핀란드 출신의 언어학자 카스트렌(M.A.Castren)은 우랄·알타이(Ural-Alati) 어족을 주장하였다. 이에 로니(rosny), 달레(dallet), 로스(ross) 등은 한국어와 타르타르어와의 유사성을 언급하면서 한국어의 기원을 언급하였다. 그 후, 비교 언어학이 발전함에 따라 우랄 어족과 알타이 어족이 분리되면서 한국어는 알타이(Alati) 어족으로 분류하고 있다. 한국어가 포함된 알타이 어족의 하위 언어들과 그들의 분포 지역에 대해 알아보기로 하자.

1 알타이 어족

알타이 어족은 Altai 산맥을 중심으로 한 언어군으로 터키어파, 몽고어파, 퉁구스어파로 3분류 할 수 있다. 그리고 이들 각각의 '어파'(語派)를 구성하는 구체적 하위 언어들은 다음과 같다.

1 터키(Turkey)어파는 터키 공화국을 중심으로 마케도니아(Macedonia)부터 시베리아 레나강(Siberia Lena)에 이르는 광범위한 지역에 사용되는 언어를 총칭한다. 이에는 타타르(Tatar)·츄바시(Chuvash)·카자크(Kazakh)·야쿠트(Yakut)·우즈벡(Uzbek) 등의 언어들이 포함된다.

2 몽고(Mongo)어파는 동으로는 만주에서부터 시작하여 서로는 볼가강에 이르는 지역에서 사용되는 언어이다. 이에는 칼카(Khalkha)·부리아트(Buryat)·모골(Mogol)·몽구오르(Monguor) 등의 언어들이 속한다.

③ 퉁구스(Tungus)어파는 만주에서 시베리아에 걸치는 지역어로서 만주(Manch) · 오로치(Oroch) · 올차(Olcha) · 라무트(Lamut) · 에벤키(Evenki) 등이 있다.

2 알타이 어족과 한국어

방대한 지역에서 사용되는 알타이 어족의 언어들은 지역적인 차이에도 불구하고 음운, 문법, 어휘에서 많은 공통점을 지니고 있다. 즉 두음 법칙의 현상, 모음조화의 규칙, 어두자음군과 관계 대명사가 없다는 등의 공통성이 있고, 한국어에도 이러한 특징들이 나타나는 것으로 보아 알타이어에 속할 개연성이 높다.

1. 한국어의 위상

20C 핀란드 언어학자인 람스테트(G.J.Ramstedt : 그는 일본에서 초대 핀란드 극동 대사로 지내던 중 한국어를 배우고, 1939년 '한국어 문법', 1949년 '한국어 어원연구'를 썼다. 그의 저서는 한국 전쟁 당시 연합군의 한국어 교본으로 활용되는 등 한국어를 국제 사회에 소개하는 데 크게 기여를 하였다.)는 알타이 어족을 설명하면서 위의 3개 어파(語派) 외에 과거 어느 시기에 한국어도 포함되어 있었다고 하였다.

그는 알타이 어족의 분기점을 '흥안산맥'(興安山脈)이라 하여, 이를 중심으로 4개의 어가 분화한 것이라 하였다. 즉 서북쪽의 몽골어, 서남의 터키어, 동북의 퉁구스어 그리고 동남쪽의 언어를 한국어라 하고, 다음과 같이 도시하였다.

2. 한국어의 분화 과정

람스테트의 주장과 함께 한국어의 계통 문제에 있어 의미 있는 주장이 포페(N. Poppe)에 의해 제기되었다. 그는 한국어의 분화 과정에 대해 4개의 언어 가운데 가장 먼저 분화한 것이 바로 한국어라 주장하였다. 다음과 같다.

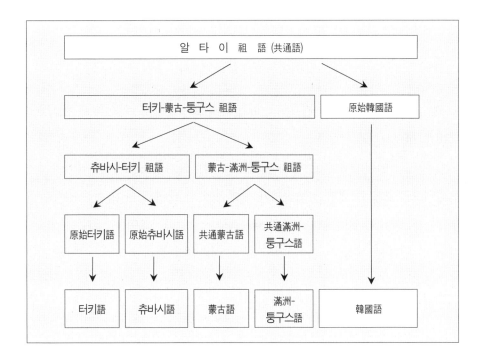

위의 도표에 의하면, 원시 한국어가 알타이 공통 조어에서 가장 먼저 분리했고, 그 뒤에 터키·몽고·퉁구스 단일어 시대가 꽤 오래 계속되었을 것이다. 그 다음 오늘의 터키어의 선조가 분리했고, 몽고·퉁구스 단일어가 얼마동안 지속되다가 몽고어와 퉁구스어로 분리했을 것임을 추정할 수 있다.

李基文(1961)에서는 알타이 제어의 공통적인 특징을 지니는 일본어를 포함하는 관점(한국어와 일본어 동계설)에서 한국어의 계통을 다루는 것이 타당하다고 하고, 알타이 공통 조어에 '夫餘·韓共通語'를 삽입하여 한국어의 계통을 다음과 같이 분류하고 있다.

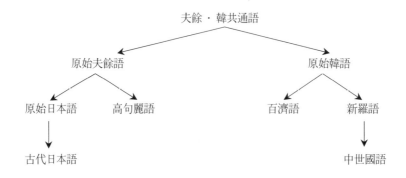

이상으로 알타이 조어에서 한국어가 분화되는 과정을 람스테트, 포페 그리고 李基文을 통해 살펴보았다.

한편, 영국의 언어학자 클로슨(G.Clauson)과 되르퍼(G.Doerfer)는 몽골어와 터키어만을 대상으로 고찰한 결과 공통점보다 차이점이 더 많아 알타이 어족 자체를 인정하지 않는다. 미국의 언어학자 스트리트(J.Street)는 '알타이조어' 이전에 '북아시아조어'라는 앞 단계를 설정하여 여기에서 한국어가 먼저 분리한 깃으로 보았다. 이를 '북아시아 어족설'이라 한다. 프랑스 선교사 달레(C.Dallet)는 인도의 원주민인 드라비다족의 일부가 한반도로 이주해 한민족의 형성에 일부 기여한 것으로 보았다. 그 후, 미국인 선교사 헐버트(H.B.Hulbert)와 독일인 에카르트(A.Eckardt) 등은 한국어의 남방계설을 주장하였다.

한국어의 계통은 아직도 검증해야 할 부분이 많은 연구 과제이다. 한국어의 알타이어적인 요소와 비알타이어적인 요소에 대한 체계적인 연구와 검토를 통해 결론지어야 할 부분으로, 단순한 음운의 유사성이나 차용 관계인지도 면밀히 검토해야 한다. 지금까지는 시베리아 주변에 거주하던 고아시아족인 원주민과 알타이계의 이주민이 교류하면서 만주·한반도 지역에 터를 잡았던 예맥·퉁구스족을 한국인의 직계조상으로 보는 것이 보편적이다.

3 한국어의 형태적 특징

언어 유형학에서 한국어는 '첨가어'(添加語) 또는 '교착어'(膠着語)에 해당한다. 즉, 어근(語根, root)에 접사를 첨가하여 새로운 단어를 파생시키고, 어미를 첨가하여 다양한 문법적 관계를 나타낸다. 달리 '부착어'(附着語)라고도 한다.

❶	철수가 유리컵을 깨다.

예문 ❶은 동사의 기본형인 '깨다'를 사용하여 화자가 사건의 내용을 객관적으로 진술하는 문장이다. 그리고 이 문장은 동사 '깨다'에 여러 가지 문법 형태를 덧붙여 아래 예문 ❷와 같이 다양한 의미의 문장으로 바꿀 수 있다.

❷	ㄱ. 철수가 유리컵을 깨뜨리다. ㄴ. 철수가 유리컵을 깨었다(깼다). ㄷ. 철수가 유리컵을 깨뜨리었다.

예문 (❷ㄱ)은 접사 '-뜨리-'를 덧붙여 강조의 의미를 나타내고, (❷ㄴ)은 시제 선어말어미 '-었-'을 덧붙여 과거의 의미를 나타낸다. (❷ㄷ)은 접사와 어미가 동시에 결합하여 과거에 일어난 사건을 강조하는 표현이다.

❸	ㄱ. 어머니께서 접시를 깨시다. ㄴ. 어머니께서 접시를 깨뜨리시다. ㄷ. 어머니께서 접시를 깨뜨리시었다. ㄹ. 어머니께서 접시를 깨뜨리시었군. ㅁ. 어머니께서 접시를 깨뜨리시었군요.

예문 (❸ㄱ)은 높임의 대상인 어머니가 주어 위치에 오면서 '깨다'의 어간에 높임
의 선어말어미 '-시-'가 덧붙었으며, (❸ㄴ~ㅁ)은 또 다른 형태소들의 결합으로 다양
한 의미를 드러내고 있음을 알 수 있다.

 알/아/보/기―한국어 계통

※ 한국어의 계통과 관련한 "위대한 여정 한국어"(KBS, 2004) 3부작 중 1부를 감
상한 후 아래 활동을 해보자.

1. 동영상의 내용을 간략히 요약한 후, 한국어 계통 연구의 현주소를 알아보자.

2. 람스테트는 한국어와 몽골어 그리고 터키어의 기초 어휘를 비교하여 그 대
   응 관계를 밝히고 있다.

몽골어	한국어	터키어
아바(aba)	_아비_	아바이(abai)
에메(eme)	_어미_	에메(eme)
알라(ala)	_아래_	알뜨(alt)
무어(muə)	_물_	무(mū)
이라가(irrga)	_이랑_	이룬(irun)
시르케(sirkeg)	_실_	시렌(siren)

람스테트   헐버트

3. 헐버트는 한국어가 남방계어, 특히 인도 남부의 드라비다어와 공통어족이었
   다고 주장하였다.

한국어	드라비다어
_쌀_	ㅂ살(psal)
_벼_	비야(biya)
_알_	아리(ari)
_씨_	비치(bici)
_풀_	불(pul)
_귀_	귀비(kivi)
_몸_	메이(mey)
_비_	베이(pey)

언어의 응용(1) : 언어와 사회

1. 사회 언어학

언어는 의사소통의 수단으로 다른 학문 분야와 관련을 맺는다. 특히 언어가 화자와 청자 간의 의사소통 과정에서 사회성을 전제한다는 점에서 언어와 사회는 밀접한 관계에 있다. 예를 들어 언어는 그것을 둘러싼 여러 요소, 즉 화자-청자의 친소 관계, 나이, 신분, 직업 등의 다양한 사회 환경에 영향을 받고 있다. 이처럼 언어가 사회적 요인에 의해 어떻게 변이되어 나타나는가를 다루는 언어학을 '사회 언어학'(sociolinguistics)이라 한다.

1 사회적 존재로서의 인간

인간은 사회적 동물이다. 사회적 존재로서 인간은 언어를 도구로 다른 사람과 소통하며, 사회 역시 언어를 매개로 운영되고 있다. 결국 인간이 언어를 사용하는 것은 의미를 전달할 뿐만 아니라 사회적 관계를 확립하고 유지시켜 나가기 위함이다. 언어의 사회적 사용은 '화자-메시지-청자'의 관계를 전제하기에 이들의 가변적인 조건에 따라 언어 사용 또한 다를 수밖에 없다. '청자'가 누구냐에 따라 화자는 그들과의 관계를 고려하여 언어를 달리 사용하게 된다. 면접 시간이 촉박해 차를 얻어 타야 하는 상황에서 ①부모에게 부탁하는 경우, ②친구에게 부탁하는 경우, ③친하지 않은 동기에게 부탁하는 경우를 가정해 보자.

①	
②	
③	

우리의 언어 사용은 부탁하는 상대에 따라 말투와 내용이 달라진다. 즉, 부모나 친구 등과 같이 친밀한 관계에서는 직설적인 언어를 사용함에 반해 친밀하지 않은 관계에서는 정중한 언어를 구사하게 된다.

이처럼 언어는 항상 구체적이며 다양한 언어 사회를 전제하기에, 언어 사회의 다양한 층에 따라 언어 사용이 달라진다. 즉, 면접이나 토론 등 공식적인 장소나 예의를 갖추어야 할 자리에서는 격식을 갖춘 언어를 사용하며, 사적인 자리나 친밀한 사이에서는 존대법 등 어법이 잘 지켜지지 않는 언어를 사용하게 된다. 또한 지역, 세대, 계층, 성의 차이에 따라서도 언어 사용이 다르다.

2 사회 언어학의 태동

언어학에서 언어의 사회적 기능에 주목한 사람은 소쉬르였다. 그는 인간 언어의 활동을 '랑그'(사회적 측면)와 '빠롤'(개인적 측면)로 나누고, '랑그'를 중심으로 언어의 본질을 살폈다.

한편, 1950년대 이후 촘스키는 언어를 '언어능력'(언어 구조 이론)과 '언어수행'(언어 사용 이론)으로 나누고, 언어 사용보다는 언어 구조의 연구에 집중했다. 그는 사람이 태어나면서 습득하는 언어능력을 밝히기 위해 언어 사용과 관련한 여러 외적 요소, 즉 장면, 화자와 청자의 관계, 친밀도, 사회적 계급 등에 영향을 받지 않는 언어를 연구 대상으로 삼았다. 결국, 언어를 둘러싼 사회를 제외시킨 것이다.

언어를 사회와 떼어놓고 연구하는 것이 가능한 일일까? 이러한 의문과 함께 유럽과 미국의 학자들은 언어의 탈사회화가 불가능하다는 생각에 '언어'와 '사회'의 관련성에 관심을 갖고 연구하기 시작한 분야가 '사회 언어학'이다.

언어학의 한 분야인 사회 언어학은 1960년대 후반 또는 1970년대 전반부터 유럽과 미국에서 발달한 분야로 큐리(H.Currie)가 처음 사용한 용어라 전해진다. 큐리가 1952년에 쓴 논문 중에 다음과 같은 구절이 있다. "Possibilities for further sociolinguistic research are, in fact, beyond estimation."(앞으로의 사회 언어학적인 연구의 가능성은

실제로 상상할 수 없을 정도로 크다).

2. 사회 언어학의 연구 분야

언어는 지역적 차이와 사회적 계층 차이에 의해 매우 다른 모습을 띠게 된다. "이 봉다리에 정구지를 담아라."와 "이 봉지에 부추를 담아라."는 지역적 차이에 의한 언어의 변이를 나타내고, "소머리국밥 맛이 참 좋네."와 "소대가리국밥 맛 쥑이네."는 신분이나 직업, 즉 사회적 계층 차이에 의한 언어의 변이를 보여준다. 이처럼 언어 변이는 동일한 내용을 다양한 형식으로 표현하는 것을 뜻한다.

1 지역적 차이와 언어

표준어인 '봉지', '부추'와 달리 '봉다리'는 경기 및 전남 지역어이며, '정구지'는 경상, 전북, 충청 지역어이다. 이처럼 지리적인 차이나 환경에 의해 발생하는 언어 변이를 '지역 방언'(地域方言 : regional dialect)이라 한다.

1. 표준어와 방언

한 언어에는 표준어를 중심으로 여러 방언이 존재한다. 방언은 특정 지역의 사람들이 쓰는 언어로, 그 지역의 다양한 문화, 전통, 역사가 살아 숨쉬며 지역민들의 정서가 배어 있다.('방언'과 '사투리'는 유의어이다. 그러나 언어학에서는 이 둘을 구별한다. '사투리'는 표준어가 아닌 말을 이르지만, '방언'은 '사투리'의 개념을 포함하면서 한 언어에서, 사용 지역 또는 사회 계층에 따라 분화된 말의 체계를 이른다. 따라서 '사투리'보다 '방언'의 개념이 포괄적이다. 언어학에서는 '방언'을 그 자체로 독립된 체계를 가지고 있는 한 언어의 변종으로 본다.)

표준어 사정 원칙 제1장 제1항에서는 "표준어는 교양 있는 사람들이 두루 쓰는

221

현대의 서울말로 정한다."고 규정하고 있다. 이는 방언을 쓰는 사람이 비교양인이라는 의미라기보다 공식적인 자리에서는 표준어를 사용해야 함을 뜻한다고 보아야 한다. 왜냐하면 표준어는 그 자체로 특별히 훌륭한 언어가 아니다. 동등한 자격을 가진 여러 방언들 중에서 정치, 경제, 문화적 요인에 의해 선택된 인위적 언어이며, 표준어 또한 한 지역의 방언이기 때문이다. 따라서 방언은 한 언어의 정치, 경제, 문화의 중심지에서 떨어진 지역의 언어이자 특정 지역의 독립된 언어체계의 단위로 결코 표준어와 대립하는 개념이 아니다.

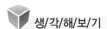 생/각/해/보/기

■ 다음은 '이태영 칼럼'(2004.12.7.) 중 일부 내용이다. 이 글을 읽고 방언과 표준어의 관계에 대해 생각해보자.

> "방언은 한국어 어휘의 보물 창고이다. 아름다운 우리말을 찾아 골라 쓰는 지혜가 필요한 시대이다. 유형의 문화재를 보존하고 새롭게 가꾸는 것처럼, 해당 지역어가 갖는 정밀한 의미와 쓰임을 바탕으로 작성된 방언사전을 빨리 구축하여야 한다. 방언사전을 바탕으로 표준어를 선정하고 국어사전을 작성하여야만 '서울말'로 정하는 일방적인 표준어가 아니라 '한국어'를 대표하는 공통어적인 표준어를 확립할 수 있다."

2. 지역 방언의 실제

지역 방언은 언어의 음운(발음), 단어, 문법적 차이에 의해 나타난다. 이 중, 문법은 발음이나 단어만큼 분명한 지역 차이가 나타나지 않는 것이 일반적이다.

미국의 언어학자 로저 슈이(Shuy. R., 1985)는 발음과 단어의 변종을 기준으로 영어 사용 지역을 북부(뉴욕 시내 등), 중부(피츠버그 등), 남부(알라바마 등)의 세 지역으로 나누고, 아래의 예를 들었다(東照二, 2001 : 96~97).

		북부	중부	남부
음운	toma<u>t</u>o	o	ə	o or ə
	<u>with</u>	ð or θ	θ	θ
	<u>wh</u>ich	hw	w	w
단어	종이 봉지	bag	sack	sack
	스컹크	skunk	skunk	polecat
	옥수수	corn-on-the-cob	corn-on-the-cob	roasting ears

미국 영어는 지역적 차이에 따라 감자 자루를 'bag'이라 하고 식료품 자루를 'sack'이라고 하는 지역들이 있는가 하면, 이들이 서로 바뀌어 사용되기도 한다.(옛 방언형이 남아 있는 곳에서는 'tote, poke, toot' 등이 사용되기도 한다.)

한국어의 언어 변이 역시 음운, 형태, 문법 등의 체계적인 조사를 통해 결정하는 것이 이상적이나 언어의 어떠한 한 요소, 즉 음운이나 형태 그리고 문법 영역 중 어느 하나를 기준으로 정하는 것이 보편적이다.

❶ 어디 가십니까?

❷ ㄱ. 어디 가십니꺼? 어디 가니껴? 어기 가는교?
ㄴ. 어디 가시오? 어디 가시지래(우)?
ㄷ. 워디 가세유?

한국어 ❶과 ❷는 표준어와 방언의 관계로 (❷ㄱ)은 경상도, (❷ㄴ)은 전라도, (❷ㄷ)은 충청도 방언의 의문형 종결어미를 나타낸다. 이 외에도 제주도(어디 감수꽈?, 어디 감네까?), 경기도(어디 가세요?), 황해도(어디 가시까?), 평안도(어드메 가심네까?), 함경도(어드메 가심니까?, 어드메 가심까?, 어드메 가심둥?) 등 지역 차이에 따른 다양한 변이 형태가 나타나고 있다.

2 한국어의 지역 방언

한국어는 여러 지역으로 격리되어 오랜 시간이 흐르면서 다양한 모습으로 바뀌었다. 이처럼 지리적 차이로 갈라진 언어를 문법적이고 체계적인 기준에 의해 구분 짓는 것을 '방언 구획'이라 한다.

한국어의 방언 구획을 결정하기 위해서는 현지 조사를 통해 수집된 언어 자료를 조사 지역의 지도 위에 특수한 기호로 옮겨야 한다. 이를 '언어 지도'(言語地圖 : language atlas)라 한다.(언어 지도는 방언 형태들의 지리적 분포를 시각적으로 나타내어, 방언과 방언의 경계 지점을 구분하는 데 도움을 준다.)

언어 지도 상에서 한 언어 내의 여러 방언 사이에 형성되는 경계선을 '등어선'(等語線 : isogloss)이라 한다. 하나의 언어는 등어선 구획의 차이에 따라 몇 개의 방언으로 구성된다. 그런데 개별 방언들이 파도와 같아 사방에 전파되기 때문에 한 지역의 언어에는 어느 방언적 특수성에 관해서는 A지역과 동일하나 B지역과는 차이가 있고, 다른 방언적 특수성에 관해서는 B지역과 동일하나 반대로 A지역과 차이가 나타나기도 한다.

한국어의 방언 구획은 연구자마다 다양하다. 왜냐하면 지역어의 음운, 형태, 문법 등에 대한 객관적인 고찰이 쉽지 않으며 한 방언 안에서도 다양한 등어선이 존재하기 때문이다. 이런 문제로 행정구역을 기준으로 방언 구획을 설정하기도 한다.

지금까지 학자들의 방언 구획 연구를 종합하고 현재의 행정구역을 바탕으로 할 때, 한국어는 6개 지역 방언, 중부방언(경기도, 강원도, 충청도 방언), 서남방언(전라도 방언), 동남방언(경상도 방언), 제주도 방언, 서북방언(평안도 방언), 동북방언(함경도 방언)으로 구분한다.

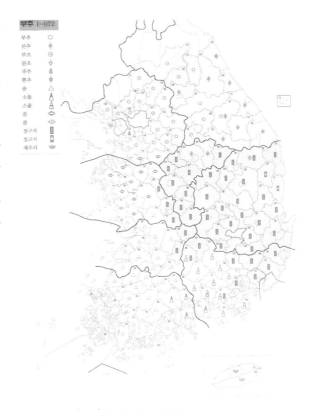

'부추'의 언어지도(이익섭, 2000 : 340)

찾/아/보/기

■ 지역 방언이 쓰인 문학 작품이나 영화를 찾아보고, 해당 지역어의 특징을 아래의 슬라이드에 정리해보자.

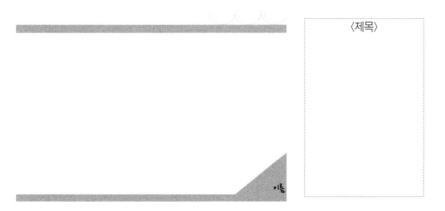

225

〈제목〉

3 사회적 차이와 언어

'소머리'와 '소대가리' 그리고 '맛 좋다'와 '맛 쥑이네'는 지역적 차이에 의한 언어 변이라기보다는 화자의 신분이나 직업의 차이, 즉 사회적 요인에 의해 발생하는 언어 변이에 가깝다. 이처럼 사회적 환경에 의해 발생하는 언어 변이를 '사회 방언'(社會方言 : social dialect)이라 한다.

1. 윌리엄 라보프의 연구

윌리엄 라보프(William Labov)는 *The Social Stratification of English in New York City*(1966)에서 백화점에 오는 손님의 사회적 계급에 따라 종업원의 언어가 다르다는 것을 밝혔다. 그는 세 곳의 백화점 종업원에게 'fourth floor'라는 발음을 수집하여 다음과 같은 결과를 얻었다.

	Saks(상류)	Macy's(중류)	Klein's(하류)
'r' 발음	30%	20%	4%

위 결과는 상층에서 하층 계급으로 내려갈수록 'r' 발음을 하지 않는다는 것을 보여준다. 사실 미국 영어에서 'r' 발음을 탈락시키지 않는 것이 사회적으로 높은 평가를 받는 바람직한 발음이다. 따라서 백화점 종업원들의 언어가 고객의 사회적 계급에 따라 달라진다는 것을 보여주고 있다.

2. 사회 방언의 실제

오늘날에는 나이, 직위 등의 사회 계층에 따라 같은 내용을 표현하는 언어의 양식이 달라진다. 또한 남성과 여성의 언어 사용에 차이가 나타나기도 하며, 특정 직업군에 따른 언어 사용에 차이가 나타난다. 이와 함께 언어 접촉 현상의 '피진'(Pidgin)과 '크레올'(Creole)에 대해 살피기로 한다.

1 높임법과 호칭어 : 높임법은 인간관계, 즉 사회적 요인에 따라 실현되는 대표적인 언어활동이다. 이는 화자와 청자 그리고 대상 사이의 나이, 사회적 지위, 성별, 개인적 친분 관계 등이 복합적으로 작용하기 때문이다.(높임법을 '존비법, 공손법, 존경법, 겸손법, 겸양법, 공대법, 경양법, 경어법, 존대법, 대우법' 등으로 명명하는 것도 다양한 관계를 고려한 탓일 것이다.)

※ 인물 간의 사회적 요인을 고려하여 A의 높임법 체계를 생성해보자.

> A : 책을 읽다.

1. 책을 읽으십시오.
2.
3.
4.
5.
6.

높임법과 관련해 호칭(부르는 말)과 청자 지칭의 이인칭 대명사도 사회적 관계에 따라 쓰임이 달라진다. 윗사람은 아랫사람의 이름으로 부를 수 있고, '너, 당신, 그대, 자네' 등으로 가리킬 수 있지만 그 반대는 허용되지 않는다.(사회적 요인에 의한 높임법과 호칭, 지칭의 언어 변이 현상은 언어마다 다르게 나타난다.)

2 성별어와 직업어 : 사회 방언은 언어 사용자의 성별과 직업적 차이로 나타나기도 한다. 일상 대화에서 남성들이 '있어', '~했어', '몰라'처럼 무뚝뚝하고 단호한 말투를 사용하는 반면 여성들은 '~있지?', '~뭐니?' 같은 의문형 말투와 '얘!', '어머나!' 같은 감탄사를 자주 사용한다.

A의 약속 시간에 대한 답변 B와 C의 표현 차이는 어디에서 오는 것일까? 다음의 <읽기자료>에서 남성어와 여성어의 차이에 대해 알아보자.

언어에 나타나는 남자와 여자의 차이에 대한 관심은 오래된 것이지만, 남자와 여자가 사용하는 언어가 어떤 점에서 다른지에 대한 본격적인 논의는 예스페르센(Jespersen, 1922)에서 이루어졌고, 1960년대 이후 사회언어학자들의 조사 연구가 진행되면서 남녀 성에 따른 언어적 특성에 대한 구체적인 연구가 되기 시작했다. 그리고 여성주의 관점이 대두되면서 여성에 대한 차별이 언어에 반영되어 있다는 인식이 생겨났고, 여성 차별적인 언어에 대해서 '여성어'라는 용어가 정립되었으며, 여성주의적 언어학이 정립되기에 이른다. 남녀의 성에 따른 언어적 차이가 사회적 계층이나 연령, 종교 등이 언어 변이의 변수로 작용하는 것처럼 언어 변이의 변수로 작용하는 것에서 남녀의 사회적 위치, 사회적인 가치관과 관련 있는 것으로 봄으로써 인식의 변화가 생겨난 것이다.

1970년대에 와서 레이코프(Lakoff, 1975)는 여성들이 사용하는 언어의 특성이 여성이 가진 기질이나 성품에 의한 것이 아니라 그 사회의 가치관에 의해 강요된 것이라는 해석을 함으로써 남녀의 언어 차이에 대한 관점의 변화를 보여준다. 레이코프가 밝힌 여성어의 특징은 다음과 같다.

(1) 색채어 사용에서 여성들은 엷은 자줏빛, 베이지 색, 라벤더 색, 짙은 홍색 등을 즐겨 쓰는데, 남성들은 이런 색깔을 별로 쓰지 않는다.

(2) 여성들은 'damn, shit'와 같은 강한 감투사를 쓰지 않고, 그 대신 'oh dear, fudge' 등과 같은 표현을 쓴다.

(3) 'great, terrific' 등은 남성과 여성이 같이 쓸 수 있는 형용사이지만, 'charming, divine, adorable' 등은 여성만이 사용하는 형용사이다.

(4) 여성들은 부가 의문문을 남성들보다 더 많이 사용한다. 이러한 문형은 보통 청자에게 진술의 동의를 구할 때 사용되는 것으로, 여성들이 많이 사용하는 것은 자신의 생각에 대한 불확신을 나타내는 것이다.

(5) 여성들은 평서문을 의문문의 어조로 말하는 경향이 있다.

(6) 여성들은 지시적 화행에서 가능하면 정중하고 약한, 화자의 의지가 담기지 않은 방식의 명령문을 사용한다.

이상과 같이 여성 발화의 특징이 나타난 원인은 언어문화가 남성에게는 자신을 강하게 드러내는 기회를 주는 데 반해 여성에게는 감정 표출을 억제하여 자신의 개성을 드러낼 수 없게 하는 데 있는 것임을 지적하였다. 따라서 자신의 의사를 강하게 표현하지 못하고 공손하고 완곡하게 표현하게 되는 특성 자체가 사회의 가치관과 관련된 것임을 강조한다.

— 전혜영(2004 : 31~32)

※ 성차이어는 성에 대한 부당한 편견 없이 남녀가 달리 사용하는 말이다. 한편, 성차별어는 사회계층의 갈등을 조장하는 말로 순화해야 할 대상이다. 성차별어란 무엇이며 그 종류와 해결 방안에 대해 생각해보자.

● 정   의 :

● 종   류 :

● 해결방안 :

직업어는 어떤 직업에 종사하는 사람들이 사용하는 언어로, '군대어', '상인어', '심마니어' 등이 있다.

❷   심마니어 :

한편, 사회 방언은 연령 차이에 의해서도 나타나는데, 어떤 언어 사회든 사회적으로 낮게 평가하는 언어(비속어, 은어 등)를 구사하다가 연령이 올라감에 따라 사회적으로 낮다고 평가되는 언어 사용이 줄어든다.

 알/아/보/기

※ 앤드슨·트러드길(Anderson & Trudgill, 1990)은 '욕설'이 사회의 두 가지 패턴과 관련한다 하였다. 다음의 내용을 읽은 후, 물음에 답해보자.

> A positional role society would be a strictly orderd society where each person's position in the structure determines their rights and duties. A personal role society would be a society where the individual's abilities and ambitions are important in deciding their future career and thus their rights and duties.

> '지위의 역할에 기초를 둔 사회'(가)란 서열화가 제대로 된 사회로 조직 속에서 어떤 지위에 있느냐에 따라서 그 사람의 권리와 의무가 분명히 정해져 있는 사회를 말한다. 이에 반해서 '개인의 역할에 기초를 둔 사회'(나)란 개인의 능력과 의미가 그 사람의 장래, 즉 권리나 의무를 결정하는 중요한 요소가 되는 사회를 말한다.

1. (가)는 통제 의식이 강한 사회로, 욕설을 통제가 되지 않는 언어라 생각한다. 그렇다면 (가), (나) 중 욕설이 적은 사회는 어디일까?

2. 1에 기초하여 개인적인 측면에서 욕설을 자주 사용하는 사람들은 누구일까?

③ 피진과 크레올 : 언어가 다른 사람들이 의사소통을 위해 서로의 언어를 혼합한 혼성어를 '링구아 프랑카'(Lingua Franca)라 한다.(이는 중세 때 지중해의 항구에서 사용된 언어를 차용한 것이다. 이 언어에는 그리스어, 아라비아어, 로만스어의 요소가 혼재되어 있다. 오늘날에는 국제적으로 통용되는 모든 언어를 가리키는데, 현대의 링구아 프랑카는 단연 '영어'이다.)

이와 함께 서로 다른 언어들이 접촉하는 과정에서 간략한 형태로 변형된 언어를 '피진'(Pidgin)이라 한다. 미국에 정착하려는 유럽인들과 미국 토착 인디언들이 소통을 위해 유럽어(영어, 불어, 스페인어, 네덜란드어 등)에 토착민들의 언어 요소를 부가하여 생성한 언어이다. 사실 적은 어휘와 간단한 문법 체계로 이루어진 피진은 식민지 개척의 결과물로 어느 한 집단에게도 모국어가 아니며 상호 접촉할 때만 사용하는 주변적인 언어이다. 그러나 영어 기반의 멜라네시아 피진(Melanesian Pidgin English)과 톡 피진(Tok Pisin) 등의 몇 혼합어는 오늘날에도 많은 사람들이 사용하고 있다.

③	Me cape buy, me check make.(나, 커피 산다, 나, 수표 쓴다.)
④	Good, dis one. kaukau anykin' dis one. Philipine islan'no good. No mo money. (좋아, 이것. 두드려, 아무거나, 이것. 필리핀 안 좋아. 돈 없어.)

예문 **③**과 **④**는 하와이의 피진이다. 각각 사탕수수 밭에서 일하는 일본인과 필리핀 이주자의 발화로, 우리가 사용하는 영어와 매우 다른 모습을 띠고 있다.

일반적으로 피진은 다른 언어를 모국어로 가지는 사람들 사이에서 의사소통을 위해 사용되는 언어이다. 그러나 피진은 하나의 모국어 또는 제1언어가 될 수 있는데, 이를 '크레올'(Creole)이라 한다. 피진을 사용하는 부모가 자녀를 낳아 그 자녀가 피진을 모국어로 습득하게 되는 경우이다. 크레올의 강화가 일어나기 위해서는 동일 지역의 모든 가족들이 피진을 써야 한다.(크레올은 실제 모국어로 기능하기에 피진보다 더 많은 단어와 문법적 구조를 지닌 완전한 언어에 해당한다.)

900개의 부족이 공존하는 남태평양의 섬, 파푸아 뉴기니의 '마투핏' 사람들은 제1언어인 영어와 영어에 바탕을 둔 공식 언어 톡 피진(Tok Pisin)어를 함께 배우며, 절망하지 않고 희망 속에 꿈을 키워 나가고 있다.

EBS 다큐멘터리, "900개의 영혼 파푸아뉴기니" 1부, 2018.3.26.

3. 한국어와 한국 문화, 사회

우리는 언어와 민족, 문화 그리고 사고를 절대적 관계로 인식하는 것을 비판하며 논의를 시작하였다. 그러나 특정 민족과 문화 그리고 사고를 가장 잘 대변하는 것이 언어임에는 틀림없다. 즉, 언어는 각 민족의 사고와 문화를 담아내고 창조하는 소중한 자산일 뿐만 아니라 민족 화합의 주된 요소이다. 이런 관점에서 한국어에 내재되어 있는 한민족의 문화 및 사고를 간단히 언급하고자 한다.

한국어가 한국 사회와 밀접한 관련을 갖는 사례를 '춘향전'과 '월인석보'의 대화 표현에서 찾아볼 수 있다.

❶
이몽룡 : "져 농군 여봅시. 검은 소로 밧촐 가니 컴컴ᄒ지 아니흔지?"
농 부 : "그러키의 밝으라고 볏 다랏지오."
이몽룡 : "볏 다라시면 응당 더우려니?"
농 부 : "덥기의 셩이장 붓쳐지오."
이몽룡 : "셩이장 붓쳐시니 응당 ᄎ지?"
농 부 : "ᄎ기의 쇠게 양지머리 잇지오."

❷
구 이 : "五百 銀 도ᄂ로 다ᄉ 줄기롤 사아지라."
선 혜 : "므스게 쓰시리?"
구 이 : "부텻긔 받ᄌᄫ리라."
선 혜 : "부텻긔 받ᄌᄫ바 므슴호려 ᄒ시ᄂ니?"

예문 ❶은 과거의 계급 사회의 모습을 반영한 표현이다. 사회 계층(신분)의 차이에 따라 양반은 평민에게 반말을 사용하고 평민은 양반에게 경어를 쓰고 있다. 예문 ❷는 과거의 봉건 사회의 모습을 반영한 표현이다. 남녀라는 성별의 차이에 따라 남성(선혜)은 여성(구이)에게 고압적이고 단정적인 표현을 쓰고, 여성은 남성에게 경어와 완곡한 표현을 쓰고 있다.

※ **언어는 사회와 문화를 반영하는 거울이라 할 수 있다. 다음의 활동으로 한국어에 반영된 한국문화 양상에 대해 알아보기로 하자.**

> 군사용어는 전쟁 관련 어휘와 군의 조직 및 병기와 관련된 어휘로 나누어 볼 수 있다. "대파, 격파, 격전, 혈전, 발사, 퇴진, 장정" 등은 전쟁과 관련된 대표적인 어휘이며, "사단, 군단, 사령탑, 참모, 중거리포, 거포, 병기, 총대" 등은 군의 조직 및 병기와 관련된 어휘이다(박갑수, 1994 : 106).

1. '읽기 자료'를 참고하여, 신문 기사에서 군사 용어가 쓰인 사례를 조사해보자.

2. 1에서 5·16 이후의 군사 정권이 언어생활에 영향을 끼친 것을 알 수 있다. 그렇다면 최근의 사회 및 문화 현상이 언어에 반영된 사례를 찾아보자.

한국어와 문화의 관련성은 영어의 'rice'에 대응하는 한국어 단어가 '모, 벼, 나락, 쌀, 밥'으로 분화한 것에서 찾을 수 있다. 즉 농경 문화의 삶의 양식이 반영된 것이다. 또한 '물세례', '달걀 세례'란 표현은 기독교 문화, "인연이 있으면 언젠가 만나겠지."란 표현은 불교 문화의 영향을 받은 것으로 이해할 수 있다. 이와 관련해 한국어의 복수 대명사 '우리'는 유교 문화 중심의 혈연 집단적 속성을 잘 대변하고 있다. 먼저 복수 대명사 '우리'의 일반적 용법은 다음과 같다.

| ❸ | ㄱ. <u>우리</u>는 지금 영화를 보러 간다.
ㄴ. <u>우리</u> 모두 힘을 모아 어려움을 극복해야 합니다. |

예문의 '우리'는 모두 '나'의 복수로 쓰였다. (❸ㄱ)은 청자를 포함하지 않는 복수로 상대방과의 관계에 따라 '저희'로 표현할 수 있지만, 청자를 포함하는 (❸ㄴ)은 '저희'로 나타낼 수 없다.

| ❹ | 우리 가족, 우리 학교, 우리 동네, 우리나라 |

예문 ❹의 '우리'는 복수 형태지만 단수의 의미를 지닌다. 그럼에도 불구하고 대명사 '나' 대신 '우리'가 선택된다는 것은 이들을 개인의 소유로 인식하지 않고 공용으로 소유하는 관계임을 인식한 데서 온 것으로 볼 수 있다. '우리'의 꾸임을 받는 말이 가족이나 구성원의 공유의 대상이 될 수 있기 때문이다. 따라서 '나'가 아닌 '우리'를 드러내는 표현 양식에서 나보다는 가족 공동체, 개인보다는 집단의식이 우선하며, 집단의 내·외를 구분하는 문화적 특징을 찾을 수 있다.

235

언어의 응용(2) : 언어와 심리

1. 심리 언어학

모든 언어 행동의 기저에는 심리적 과정이 존재한다. 특히 음성 언어의 산출과 이해인 말하기와 듣기 영역은 인간의 심리 작용과 밀접한 관계를 지니고 있다. 언어 표현 과정에서 자기중심적으로 말을 하고, 복잡한 내용일수록 복잡한 문장 표현을 생각하며, 언어 상황이나 장면에 적절한 성량, 억양, 어조 등을 구사하는 것이 화자의 심리에 의한 것이다. 언어 이해 과정 역시 청각 신경으로 받아들여진 개별 어휘들의 의미를 생각으로 바꾸고 말의 개념이나 의도 등을 재구성하는 과정이기 때문이다. 따라서 언어가 인간의 심리나 사고 작용과 1차적 관련을 맺으며, 이러한 언어와 관련한 모든 심리적 과정을 연구하는 언어학을 '심리 언어학'(psycholinguistics)이라 한다.

1 언어(학)와 심리(학)의 관계

언어학과 심리학은 인간 본질의 구명을 위한 기본적이며 제일차적인 인문학이라는 공통점을 지닌다. 즉, 언어학은 인간의 언어를 통해, 심리학은 인간의 생각과 행동을 통해 인간의 본질을 파헤치는 인문 과학 내지 사회 과학이다.

변형 생성 언어학이 언어 수행 이전의 언어 능력과 표면 구조의 밑바탕인 심층 구조를 상정함으로써 인간의 심리적 과정을 강조하였다. 촘스키는 모어 화자가 자기의 모국어를 사용하여 의사소통을 한다거나 또는 그 모국어에 유창하다는 것은 그의 머릿속에 해당 언어 지식이 내재화된 결과라 하였다. 그것이 그로 하여금 일상 언어생활을 자유자재로 할 수 있는 원리와 법칙으로, 인간 정신의 중요한 부분이자 모든 행동의 중요한 인자인 것이다. 따라서 언어학자는 언어 행위를 관찰하고 거기에 나타나는 규칙성을 발견하여 체계화할 뿐만 아니라 그가 세운 언어 구조가 그 모어 화자의 언어 지식을 얼마나 충실히 반영하고 있는지에 대한 설명을 할 수 있어야한다. 심리학 역시 표면에 드러나는 인간의 생각과 행동에만 관심을 두지 않고 그 행동의 원인이라고 생각하는 감추어진 원리와 법칙의 발견에 관심을 두고 있다.

이와 같이 언어학과 심리학의 목표와 방법이 유사하기에 그 경계 구분이 쉽지 않다. 다만, 언어학이 언어 능력과 언어 수행 중, 전자에 초점을 맞추어 언어의 구조 및 체계를 밝히고, 심리학이 후자에 초점을 맞추어 인간의 심리 구조와 작용의 원리를 밝힌다는 점에서 구분된다. 그러나 이러한 두 학문의 개념적 차이에도 불구하고 실제 연구 과정에서 어느 쪽을 목표로 하든 다른 한 쪽의 영역과 동떨어져 연구될수는 없다. 결국 언어 행동에 영향을 끼치는 심리적 현상을 중시하는 변형 생성 문법의 언어관이 언어 능력(문법)의 본질을 해명하려는 과정에서 언어의 표현과 이해, 언어 습득, 언어 기억 및 소실 등에 대한 연구를 촉진시켰다.

2 언어와 심리의 상호관계

일상 언어생활에서 언어와 심리의 상호 작용을 확인할 수 있는 보편적 언어 현상은 무엇일까?

❶	ㄱ. 여기저기(*저기여기) here and there(*there and here) ㄴ. 이것저것(*저것이것) this and that(*that and this) ㄷ. 오늘내일(*내일오늘) today and tomorrow(*tomorrow and today)
❷	높낮이 - *낮높이, 찬반 투표 - *반찬 투표, 가부(可否) - *부가

예문 ❶과 같이 두 단어가 결합할 때 그 결합의 어순은 인간의 심리와 연계되어

있음을 알 수 있다. 일반적으로 화자는 자신과 가까운 대상 또는 중요하거나 힘이 있는 것과 긍정적인 것을 먼저 언급하게 되는데, 이를 심리학자 쿠퍼·로스(Cooper & Ross, 1990)는 '나 먼저 원리'(me first principle)라고 하였다.

 알/아/보/기

※ 다음은 우리의 언어생활에서 '나 먼저 원리'가 적용된 사례들이다. 각 표현에 숨겨져 있는 화자의 심리에 대해 알아보기로 하자.

1. A와 B의 표현 속에 내재된 언중의 심리에 대해 알아보자.

> A : 경(京)부선, 경(京)의선
> B : 남녀(男女), 부부(夫婦) / 노소

2. C는 해당 국가의 언론 매체에서 보도한 표현이다. 이에 내재된 심리와 비슷한 사례의 표현(D)을 찾아보자.

> C : 남북 관계 : 북남 관계 / 한·중·일 : 중·한·일 : 일·중·한
> D :

3. 다음의 표현에 드러나는 주변 국가에 대한 우리의 심리에 대해 알아보자.

> E : 중·일, 러·일 →
> F : 러·중, 중·러 →

- 남한 매체 : 청와대 국가안보실장은 브리핑에서 "남과 북은 9월 18일부터 20일까지 2박 3일간 평양에서 남북정상회담을 개최하기로 합의했다"라고 발표했다.

- 북한 매체 : 북한중앙통신은 "역사적인 북남 수뇌 상봉은 새로운 역사를 펼쳐가는 북남관계의 발전을 더욱 가속화하는 중대한 계기로 될 것이다"라고 발표했다.

2. 심리 언어학의 연구 분야

응용 언어학으로서의 심리 언어학은 언어와 심리 및 개인과 관련한 연구인 반면, 사회 언어학은 언어와 지역 및 사회와 관련한 연구라 할 수 있다. 그러나 이러한 인위적 구분을 제외하면 두 응용 언어학의 공통분모는 상당 부분 존재한다. 사회 언어학과 달리 심리 언어학에서 관심을 가지는 부분은 다음과 같다.

- 인간은 어떤 종류의 언어지식을 갖고 태어나는가?
- 사람들은 어떻게 발화를 알아내고 만들어 내는가?
- 언어학자들이 제안하는 문법, 특히 변형 생성 문법은 사람 마음속의 문법을 정말로 반영해 주는가?
- 인간의 언어활동과 뇌의 관계 그리고 뇌 손상에 따르는 언어와 말이 어떻게 소실되는가?

1 언어학의 발전에 의한 연구

심리 언어학의 중요한 연구 분야 중 하나는 어린아이의 언어 습득 과정이다. 어린아이가 만 4~5세까지 접촉하는 언어를 모국어로 습득하는 것에서 인간의 언어 유전자를 전제하게 된다. 또한 심리 언어학은 인간의 언어 처리 과정, 즉 표현과 이해(발화의 생성과 이해)를 관찰과 실험으로 밝히는 것이 목적이다. 마지막으로 심리 언어학자는 언어 능력 및 언어 지식의 모형이 과연 인간 심리의 측면에서 어느 정도의 타당성을 갖고 있는지 그리고 언어 수행에 미치는 심리적 요인들이 무엇인가에 관심을 둔다.

1. 언어의 습득설(習得說)

인간은 누구나 일정한 시기가 되면 언어를 습득하여 의사소통의 수단으로 삼는다. 인간은 언어를 어떻게 습득하는 것일까? 지금까지 이에 대한 심리학자, 철학자, 언어학자들 사이에 수없이 많은 논의가 이어져 왔다.

언어의 기원 문제와 관련해 인간의 언어 습득 과정은 여러 가지 질문이 가능하다. 언어가 인간의 마음속에 정확히 어느 정도로 미리 계획되어 있는가? 언어의 보편성은 유전적으로 마음속에 새겨져 있는가? 등이다. 그러나 이러한 논란에도 불구하고 오늘날 대다수의 사람들은 '생득설'(生得說)을 받아들이고 있다. 약 18개월이 되는 어린아이들이 언어를 배워 말을 구사한다는 연구 결과와 다음의 주장들이 생득설을 뒷받침하고 있기 때문이다.

❶ 언어 습득의 보편성을 들 수 있다. 인간은 어느 누가 가르쳐주지 않아도 시간이 지나면서 정상적인 문장 구조와 내용 체계를 갖추어 말을 할 수 있다.

❷ 인간은 모든 언어를 배울 수 있다. 사람이 태어나 모국어를 습득하는 것이 일반적이기는 하지만 어떤 언어 공동체에서 생활하느냐에 따라 모국어가 아닌 다른 언어를 배울 수 있다.

❸ 언어 습득의 과정이 매우 빠르다. 일반적인 어린아이는 말을 하기 시작한 후부터 약 4-5년 안에 언어를 배운다. 즉 생후 6개월이 지나면 떠듬거리기 시작하여 1년 후면 '일어문'(一語文) 단계에 이른다. 이는 한 단어를 한 문장으로 인식하는 단계이다. 이 단계를 거쳐 생후 2년이 되면 두 단어로 된 말을 사용할 수 있고, 시간이 지나면서 자신이 표현하고자 하는 무한한 문장을 생성할 수 있다.

이와 같은 인간의 언어 능력은 동물의 그것과 매우 대조적이다. 동물이 반복 훈련으로 몇 마디 말을 습득할 수 있겠지만 인간이 습득하는 것과 비교해보면 그 차이란 상상이 가고도 남는다. 또한 인간은 상황에 적절한 언어를 구사할 수 있는 창조성을 지니지만 동물들은 단지 그들이 훈련한 단어만 단순 반복할 뿐이다. 이러한 차이는 결국 동물에게는 인간과 같은 언어 습득의 장치가 없다는 것을 단적으로 방증(傍證)

하는 것이다.

인간의 언어 능력은 모방에 의한 습득 과정으로, 강화에 의한 습득 과정으로 이해할 수 있다. 그러나 어린아이 스스로 언어의 규칙을 수정, 형성한다고 보아야 한다. 남기심 외(1995)는 어린이들의 '언어 습득 과정'을 구체적으로 제시하고 있다.

❹	ㄱ. 나 안 자. 엄마 안 와. ㄴ. *나 안 밥 먹어. *엄마 안 서울 가.

예문 ❹는 어린아이의 발화문으로, 부정의 '안'이 위치하는 일정한 규칙 체계가 나타난다. 즉 실제 언어생활에서 부정의 '안'을 서술부 앞에 위치한다는 나름대로의 질서를 만들고 있다. 그러나 점차 시간이 지나면서 그들의 규칙 체계는 다음과 같은 수정을 거친다.

❺	ㄱ. 나 안 자. 엄마 안 와. ㄴ. 나 밥 안 먹어. 엄마 서울 안 가.

어린아이들은 예문 ❹의 'ㄴ'이 비문임을 깨달아 이를 예문 (❺ㄴ)으로 수정하게 된다. 그럼으로써 부정어 '안'의 위치가 동사 바로 앞에 놓인다는 새로운 규칙을 생성하게 된다. 이를 정리하면 다음과 같다.

⑥	부정어 '안' + 서술부 → 부정어 '안' + 동사

244

2. 발화의 생성과 이해

인간이 발화를 생성하고 이해하는 과정은 간단치 않은 문제이다. 너무나 즉흥적으로 때로는 자동적으로 일어나는 것처럼 보이기 때문에 이를 직선적인 과정으로 이해하려 한다. 그러나 발화의 산출과 이해에 대한 심리 언어학적 관점에서의 방대한 연구들은 사람들이 언어적 정보를 직선적인 방식으로 처리하지 않는다는 것을 알려준다.

언어의 산출은 표현하고자 하는 생각을 머릿속에 존재하는 단어와 적절한 문장 구조로 통합한 후, 음운론적 지식을 바탕으로 적절한 음성으로 실현하는 일련의 선형적 과정이다. 반면 청자는 화자의 음성을 듣고 언어의 소리로 파악한 후, 머릿속 단어와 단어들의 연속체를 적절한 통사구조로 분석하여 문장의 의미를 파악하게 된다.

한편, 말을 이해한다는 것은 청자가 화자의 전언을 수동적으로 받아들인다는 것을 의미하지 않는다. 청자가 언어의 한 흐름을 해석하는 능동적인 과정을 뜻한다. 사람들은 발화의 대강의 실마리를 찾아 그것으로부터 그럴 듯한 전언을 능동적으로 재구성하게 된다. 결국 청자는 '지각적 책략'(知覺的 策略) 즉, 각 문장 성분을 세세히 분류하지 않고 필수불가결한 전언을 파악하게 해 주는 지름길을 이용하고 있다.

3. 변형 생성 문법과 심리

변형 생성 문법은 한 언어에서 어느 배열이 허용되는지를 명시적으로 알려주는 일련의 규칙 체계로, 언어 연구의 궁극적인 목표가 인간의 심리 파악이다. 그런 만큼 변형 생성 문법의 언어 능력은 인간의 심리와 밀접한 관계를 맺고 있다. 이에 심리 언어학자는 언어 능력 및 언어 지식의 모형이 과연 인간 심리의 측면에서 어느 정도 타당성을 갖고 있는지 그리고 언어 수행에 미치는 심리적 요인들이 무엇인지에 관심을 두고 있다.

그러면 언어학자의 문법이 화자의 지식을 심리적으로 포용하는지 어떻게 알 수 있을까? 한 가지 가능성은 실험 상태에 있는 문장에 대한 사람들의 반응이 촘스키가 제안한 심층 구조에 맞는지를 확인하는 일이다. 다음 문장을 보자.

⑦ ㄱ. Petronella expected Barnabas to sweep the floor.
    ㄴ. Petronella persuaded Barnabas to sweep the floor.

위 두 문장의 심층 구조는 각기 다음과 같은 다른 구조를 보인다.

⑧ ㄱ. Petronella expected / Barnabas sweep the floor.
    ㄴ. Petronella persuaded Barnabas / Barnabas sweep the floor.

예문 ❽의 두 문장 구조 차이가 인간의 심리에 좌우된다는 결과를 얻기 위해 심리 언어학자들은 일단의 실험(click 실험)을 하였다. 피조사자에게 헤드폰을 쓰게 한 후 한 쪽으로는 위의 두 문장을 들려주고, 다른 한쪽으로는 명사 Barnabas가 나타날 때 '딱' 소리를 들려주었다. 그런 후, 피조사자들에게 '딱' 소리가 난 곳을 가리키라 하여 다음과 같은 결과를 얻었다.

⑨ Petronella expected Barnabas to sweep the floor.

⑩ Petronella persuaded Barnabas sweep the floor.

결국 이 실험 결과는 피조사자들이 문장을 발화하고 들을 때 그 문장의 구성 성분을 심리적인 인식 단위로 생각한다는 것을 확인시켜 준다.

246

2 뇌 과학의 발전에 의한 연구

인간의 언어 처리 과정은 정신활동의 중심이다. 그리고 이 처리 과정은 대부분 뇌에서 일어나므로 뇌를 직접 관찰하고 연구함으로써 언어 처리의 원리나 구조를 밝히려는 분야가 '신경 언어학'(neurolinguistics)이다.(신경 언어학은 넓은 의미에서 심리 언어학에 포함될 수도 있다.)

지금까지의 연구 결과에 따르면 일반적인 추론이나 수학 능력을 담당하는 뇌 부분과 달리 언어 능력을 담당하는 뇌 부분이 있다. 뇌의 언어 중추에 관한 최초의 발견은 1861년 브로카(P.Broca)이며, 뒤이어 베르니케(C.Wernicke)의 연구가 등장하였다. 인간의 뇌는 중앙을 중심으로 '좌반구'와 '우반구'로 구분되며, 언어의 산출과 이해에 관련하는 부분은 '좌반구'이다. 이 중 말의 생성을 담당하는 좌반구의 앞쪽을 브로카, 말의 이해를 담당하는 좌반구의 뒤쪽을 베르니케라 한다. 따라서 브로카 부분이 손상을 입으면 발화와 쓰기가 불가능하고, 베르니케 부분이 손상을 입으면 문법적인 결합은 없지만 내용의 일관성이 없게 된다. 실제 브로카와 베르니케가 손상된 환자의 언어를 살펴보기로 하자.

❶
T : 오늘 기분 어떠세요?
P : 에..참 좋요 좋야 좋요아 차.
T : 전에 한번 이 병원 오신 적 있으세요?
P : 네.
T : 무슨 일로 오셨어요?
P : 에..내과, 아냐 시 에..아구 내 신경계과.
T : 아, 신경과요?
P : 네.

(…중략…)

T : 네, 요즘에 하루 어떻게 지내십니까?
P : 에. 뭐. 아휴 에..어..에..여기 소 아냐 아냐 에..에..아휴 아휴 에 저기 에..에..에..
    에..슨..선..에..아구.
T : 네, 산요?
P : 예, 예.

❷

T : 성함이 어떻게 되신다구요?

P : 삼...삼백 원요?

T : 성함요.

P : 삼월인데 삼월.

T : 지금 어디 갔다 오셨습니까?

P : 그 그대로 내긴 거 가튼데요. 삼백원 삼백원. 아직 모시지는 않았죠. 아리켜 아리켜 점만 한 거지. 그리고 내가 대학원도 나왔고 그래서 시댕인데 그 금곡이 시장이 진 이홀 무렵에 자꾸 머릿속에 잘 이렇게 안 들어오는 생각이 자꾸 돌아서 그래서 그래요. (…이하 생략…)

    예문 ❶의 브로카 실어증 환자처럼 말을 산출하는 부위가 손상되면 이해 능력에는 문제가 없으나 말이 뚝뚝 끊기고 말 막힘이 잦아 정상적인 언어 표현 능력이 크게 떨어진다. 반면 예문 ❷의 베르니케 실어증 환자처럼 말을 이해하는 부위가 손상되면 표현 능력과 달리 이해 능력이 떨어진다.(전자를 '비유창성 실어증'이라 하고, 후자를 '유창성 실어증'이라고도 한다.)

    한편 정신적 충격의 언어 소실은 '말더듬이' 현상과 '자폐증'에 의한 언어 현상으로 나타난다. 말더듬이의 전형적인 현상은 말소리 또는 음절의 반복, 가령, "어 어 어 어 엄마 엄마"와 같다. 그리고 말을 하려 할 때 말소리가 전혀 나오지 않고 막혀서 말을 이어갈 수 없는 현상인 '막힘 현상'(blocking)이 일어나기도 한다. 이러한 말더듬이 현상은 다음과 같은 특수한 행동을 수반하기도 하는데, 이를 '회피행동'(avoidance behavior)이라 한다.

❸

- 오른쪽 발로 땅을 구른다.
- 뒷짐을 쥐고 한 손의 엄지손가락으로 다른 손의 손바닥을 누른다.
- 별안간 고개를 아래로 떨어뜨리거나 턱을 위쪽으로 치켜 올린다.

    자폐증은 주로 유아기에 발생하는 질병이다. 사람과의 상호 작용과 직접적인 대면이 어려워 의사소통적 유대의 기회를 놓쳐 발화 습득 단계가 뒤떨어지게 된다. 이러한 자폐 아동의 언어적 특징(이승환, 1992 : 27)은 다음과 같다.

④
- 대화의 주고받기를 하지 못한다.
- 다른 사람의 말에 반응하지도 않고 스스로 말을 시작하지도 않는다.
- 다른 사람이 하는 말의 뜻을 충분히 이해하지 못한다.
- 상징적인 동작이나 흉내 동작을 하는 경우가 매우 드물다.
- 나이가 들면서, 말을 이해하는 능력이 증가하기는 하지만 정상인에 비하면 훨씬 떨어진다. 따라서 다른 사람이 아주 쉬운 지시를 할 때도 여러 가지 언어외적 도움(손가락으로 가리키기, 익숙한 환경에서 지시하기, 대상물을 향하여 말하기 등)이 없으면 지시내용을 이해하지 못한다. 더군다나, 두세 단계를 거쳐야 하는 '복잡한' 지시(예 : "책상 위에 컵을 놓고 연필을 언니에게 갖다 주고 와서 과자를 먹어라." 등)는 거의 이해하지 못한다.
- 언어가 목적을 달성하기 위한 수단이라는 개념이 형성되어 있지 않다.
- 말하는 것 자체가 재미있어서 말을 하는 경우가 없다.
- 말을 하는 아동의 경우라도 말이 창의적이지 못하고 상투적인 표현들만을 사용한다. (…이하 생략…)

마지막으로 언어의 소실은 유전자의 결함에 의해 발생하기도 한다. 다만 유전자의 결함이 언어 소실의 일차적 원인은 아니다. 먼저 인간의 전반적인 인지 능력에 부정적 영향을 주게 됨으로써 언어 소실로 이어지는 것으로 보인다. 대표적 유전병인 '다운 증후군' 증상의 사람이 모국어뿐만 아니라 제2외국어까지도 습득한 경우가 있기 때문이다. 이러한 사실은 그 사람의 인지 능력의 손상이 크지 않았기 때문에 언어능력의 손상에도 크게 영향을 주지 않았을 것이라는 추측이 가능하다.(언어 장애 중, '난독증'(dyslexia)은 언어를 구사하고 이해하는 능력에는 아무런 문제가 없지만 글을 읽은데 장애가 나타난다. 이는 뇌 전체의 정신적 문제가 아니라 읽기와 관련된 왼쪽 뇌의 신경 연결 회로가 다른 사람들과 다르게 구성되어 일어나는 현상이다.)

제Ⅱ-7강

언어의 이모저모(2)

제4차 산업혁명 시대의 언어

다음은 언어학자 로버트 파우저의 저서 『외국어 전파담』 관련 기사이다. 이 책은 인류가 언제부터, 왜 다른 나라의 언어를 배우기 시작했는지에 대한 궁금증에서 출발하여, 외국어 전파 과정의 역사를 다루고 있다. 우리는 이 책을 통해 인간과 언어의 관계를 이해하고, 언어가 왜 중요한지 그리고 제4차 산업혁명 시대에 언어를 어떻게 대해야 하는지 이해할 수 있을 것이다.

문화, 북리뷰

AI로 언어장벽 무너진 인간, '바벨탑' 다시 세울까

― 최현미, 문화일보, 2018.5.11.

세계사, 정치사, 사회·경제사는 말할 것 없고 문화사에서도 한 챕터 혹은 작은 변수로 등장하는 '언어', 그중에서도 '외국어'를 주인공으로 내세운 언어 문명사다. 같은 대상도 다른 틀로 보면 새로운 모습을 알게 되고 새로운 자극을 만나듯 이 책도 그렇다. 책은 제목대로 인류 역사 속 외국어 전파의 문화사, 그 이야기이다. 언어가 국경과 언어권을 넘으면 자연히 외국어가 되기 마련이니 민족과 민족, 국가와 국가, 문명과 문명이 교류하고, 부딪치고 충돌해온 인류의 역사는 곧 '외국어의 역사'라고 할 수 있다.

모든 책이 어느 정도 그렇지만 이 책의 정체성은 저자의 정체성과 곧바로 연결돼 있다. 저자는 미국에서 태어났지만 미국 밖에서 더 많이 생활한 로버트 파우저 전 서울대 교수다. 서울 종로구 서촌에 '어락당'이라는 한옥을 짓고 '서촌홀릭'이라는 책을 낸 그이지만 저자의 미국 밖 삶은 '한국'에만 국한되지 않았다. 고등학생 때 일본에 두 달 머문 것을 계기로 대학에서 일어일문학을 전공했고 기회가 될 때마다 멕시코, 스페인, 일본, 한국 등에 머물며 그 나라 언어를 익혔다. 대학

졸업 후 한국에서 한국어를 배웠고, 미국 대학원에서 응용언어학을 공부했다. 대학원 졸업 후엔 한국으로 와 고려대에서 영어를 가르치고, 독일문화원에서 독일어를 배웠고, '맹자'를 읽으며 한문을, 시조(時調)를 읽으며 중세 한국어를 익혔다. 그 뒤 아일랜드 더블린에서 응용언어학 박사 과정을 거치며, 프랑스어도 배웠다. 이후 교토(京都), 구마모토(熊本), 가고시마(鹿兒島)대에서 영어와 한국어를 가르쳤고, 2008년 서울대 국어교육과 부교수로 임용돼 한국에 6년간 머물다 지금은 미국에서 '독립학자'로 지내고 있다.

저자의 이력을 꽤 길게 옮긴 것은 모국어인 영어가 아니라 한국·중국·일본어를 포함해 제2, 제3 외국어를 배우고 가르치며 그 언어를 매개로 그곳의 사람, 문화, 역사를 탐구해온 저자의 삶 자체가 외국어 전파담이기 때문이다. 이런 전파담의 주인공답게 자신에게 '외국어'인 한글로 쓴 책은 영어라는 최고 권력어에 집중하지 않았다. 오히려 외국어로서의 영어 문명사를 제국주의와 권력으로 풀어내며, 한국과 일본, 중국은 물론 인도와 베트남, 몽골, 이슬람 왕조, 아프리카와 아메리카 선주민 등 다양한 언어를 둘러싼 여러 풍경을 포괄적으로 담아낸다.

책은 기원전 1000년경 인류사에 기록된 첫 외국어 교재에서 시작한다. 기원전 1000년경에 제작된 점토 서판으로 후대 아카드인이 수메르인의 쐐기문자를 배우기 위해 만든 것이다. 점토 서판에는 해당 쐐기문자에 대한 수메르어와 아카드어 발음이 표기돼 있다. 쐐기문자는 기원전 3000년경 수메르인이 만든 인류 최초의 문자로 수메르인은 기원전 2300년경 아카드인에 의해 몰락했지만, 쐐기문자는 살아남아 그 뒤 1500여 년 동안 명맥을 유지했다. 이어 책은 중세, 르네상스를 통과하면서 언어가 어떻게 종교의 도구로, 학문과 교양의 패권이 됐는지 살피고 16세기에 이르러 외국어가 부유층의 교양, 문화적 자본이 된 변화도 전한다.

하지만 저자의 관심은 근대 국가 형성 이후의 외국어에 집중된다. 이때 국가가 세계질서의 기본 단위로 등장하면서 외국어라는 개념이 비로소 나타났기 때문이다. 특히 저자는 제국주의, 식민주의, 선교 등과 언어의 관계에 집중하며 언어가 국경 밖으로 퍼져 나가는 과정을 철저히 힘의 논리에 좌우되는 것으로 봤다. 그 흐름은 당연히 힘 있는 국가에서 힘없는 국가로 향한다고 했다.

그 뒤 도시화, 문명화로 소수 언어의 몰락과 영어의 권력과 집중은 더 심해졌다. 그렇게 도달한 21세기. 저자는 21세기 후반에 이르면 모어와 외국어의 구분은 더 이상 의미가 없어질 것이라고 전망했다. 글로벌화가 가속화돼 국가 간 경계는 불분명해지면서 국어냐, 외국어냐는 구분보다 모어와 제2 언어, 제3 언어라는 개넘의 사용이 더 적절하다는 것이다. 이와 함께 인류는 언어에서도 새로운 도전을 받게 됐다. 다름 아닌 인공지능(AI)이다. AI가 기술적으로 언어의 장벽을 뛰어넘게 해 줄 것이기 때문이다. 물론 AI 시대에도 외국어를 배우는 사람이 있을 것이고, 영어의 위상도 흔들리지 않을 것으로 전망했다. 갈수록 더 강력해질 기술과 테크놀로지, 그 기기의 운영체제 기반이 이미 영어로 구축돼 있기 때문에 영어의 위력은 더 단단해진다는 설명이다.

저자는 피터르 브뤼헐의 그림 '바벨탑'(1563)이 던지는 화두로 책을 마무리한다. "같은 언어를 사용하던 인간들은 신의 진노를 산 뒤 서로 다른 언어를 쓰게 되었다. 이제 인간은 다시 같은 언어를 사용하려는 꿈을 꾸고 있다. 인공지능이 그 꿈을 실현해 줄 것인가. 우리를 가로막고 있는 언어의 장벽을 뛰어넘게 해 줄 것인가. 아마도 그럴 것이다. 그러나 그것이 만능은 아닐 것이다. 우리는 이제 도구 너머의 다른 무엇을 고민해야 할 때이다. 외국어를 배운다는 것의 의미가 그 고민의 결과에 따라 달라질 것이다."

저자는 희망하는 외국어를 배운다는 의미는 이해, 평화, 화해이다. 지난 수세기 동안 특수한 계층이 외국어를 통해 누려온 기득권의 재생산 대신 서로 다른 문화를 이해하고 평화와 화해의 시대를 만드는 데 적극 참여하는, 또 다른 의미의 사회적 자본의 획득으로 기능하는 것. 그가 바라는 인류 '외국어 전파담'의 귀착지이다.

한편 책에는 언어의 전파에 관련된 많은 도판이 수록돼 있다. 관련된 도판들을 한 페이지에 배치, 도판들만 보더라도 외국어 전파 역사의 결정적 주요 대목을 파악할 수 있도록 했다. 편집이 돋보이는 책이다.

2 내용 요약 및 감상

┃요약┃

┃감상┃

찾아보기

참고문헌

강길운, 『국어사정설』, 한국문화사, 2004.

강신항, 『훈민정음 연구』, 성균관대교출판부, 2003.

국어국문학편찬위원회 편, 『국어국문학사전』, 한국사전연구사, 2004.

金芳漢, 『韓國語의 系統』, 민음사, 1983.

金光海, 『국어 어휘론 개설』, 집문당, 1993.

김광해, 「기초어휘의 개념과 중요성」, 『새국어생활』 13-3, 국립국어연구원, 2003.

김진우, 『언어 : 그 이론과 적용』, 塔出版社, 1985.

金鎭宇, 『人間과 言語』, 集文堂, 1992.

김진호, 『언어학의 이해』, 역락, 2004.

김진호, 『재미있는 한국어 이야기』, 박이정, 2006.

김진호, 『언어생활과 화법』, 역락, 2018.

金亨奎, 『國語史槪要』, 一潮閣, 1975.

남기심·고영근 공저, 『표준국어문법론』, 탑출판사, 1993.

남기심 외, 『언어학개론』, 탑출판사, 1980.

東照二, 『재미있는 사회언어학』, 보고사, 2001.

로버트 파우저, 『외국어 전파담』, 혜화1117, 2018.

文洋秀 외, 『現代言語學』, 翰信文化社, 1977.

박갑수, 『올바른 언어생활』, 한샘출판사, 1994.

박경자, 『심리언어학사』, 한국문화사, 1998.

박상규 외, 『한국어학의 이해』, 역락, 2010.

박영준, 『언어의 비밀』, 한국문화사, 1999.

박영환, 『지시어의 의미 기능』, 한남대학교 출판부, 1991.

박종갑, 『토론식 강의를 위한 국어의미론』(개정판), 박이정, 2007.

박창원, 「향찰과 향가」, 『새국어생활』, 7-3, 국립국어연구원, 1997.

서울大大學院國語研究會 編, 『國語研究 어디까지 왔나』, 東亞出版社, 1990.

송경안, 『언어의 유형과 한국어 그리고 영어』, 역락, 2019.

송기중, 『역사비교언어학과 국어계통론』, 집문당, 2004.

송철의, 「자음의 발음」, 『새국어생활』 3-1, 국립국어연구원, 1993.

신상순·이돈주·이환묵 편, 『훈민정음의 이해』, 한신문화사, 1988.

신지영·차재은, 『우리말 소리의 체계』, 한국문화사, 2003.

신지영, 『한국어의 말소리』, 지식과 교양, 2011.

신현숙, 『의미분석의 방법과 실제』, 한신문화사, 1986.

심재기 외, 『국어 어휘론 개설』, 지식과 교양, 2011.

沈在箕, 『國語語彙論』, 集文堂, 1982.

윤원섭, 『언어심리학』, 博英社, 1989.

윤평현, 『국어의미론』, 역락, 2008.

윤평현, 『국어의미론 강의』, 역락, 2013.

李基文, 『韓國語形成史』, 三星文化文庫, 1981.

이석규, 『언어의 예술』, 글누림, 2007.

이성범 옮김, 『화용론』, 한신문화사, 1996.

이승재, 「모음의 발음」, 『새국어생활』 3-1, 국립국어연구원, 1993.

이익섭, 『한국의 언어』, 신구문화사, 1997.

이익섭, 『국어학개설』, 학연사, 2000.

이익섭, 「띄어쓰기의 현황과 전망」, 『새국어생활』 12-1, 국립국어연구원, 2002.

李廷玟 외, 『言語科學이란 무엇인가』, 文學과 知性社, 1977.

이진호, 『국어 음운론 강의』, 삼경문화사, 2005.

이충우, 「어휘교육과 어휘의 특성」, 『국어교육』 95, 한국 국어교육연구회, 1997.

이태영, 「방언은 국어어휘의 보물창고」, 『경향신문』, 2004.12.7.

임지룡, 『국어의미론』, 탑출판사, 2003.

장경희, 「指示語 '이, 그, 저'의 意味分析」, 『語學硏究』 16-2, 1980.

장경희, 「조응표현」, 『국어연구 어디까지 왔나』, 동아출판사, 1990.

장병기·김현권 편역, 『소쉬르의 연대적 이해를 위하여』, 박이정, 1998.

전정례, 『언어와 문화』, 박이정, 1999.

전정례 외, 『훈민정음과 문자론』, 역락, 2002.

전혜영, 「남자와 여자의 언어, 어떻게 다른가」, 『새국어생활』 14-4, 국립국어연구원, 2004.

정경일 외, 『한국어의 탐구와 이해』, 박이정, 2000.

정주리 외, 『역사가 새겨진 우리말 이야기』, 고즈윈, 2006.

曹錫鍾 譯, 『言語學入門』, 塔出版社, 1983.

최명옥, 「국어의 방언구획」, 『새국어생활』 8-4, 국립국어연구원, 1998.

최승노, 「사람은 혼자서 살 수 없다」, 『한국경제』, 2019.9.2.

崔昌烈 外 共著, 『國語意味論』, 開文社, 1993.

崔鶴根, 『韓國語 系統論에 關한 硏究』, 明文堂, 1988.

최현미, 「AI로 언어장벽 무너진 인간, '바벨탑' 다시 세울까」, 『문화일보』, 2018.5.11.

한문희 옮김, 『음운학원론』, 민음사, 1991.

한학성, 『생성문법론』, 태학사, 1995.

허용·김선정, 『외국어로서의 한국어 발음 교육론』, 박이정, 2006.

허 웅, 『언어학개론』, 정음사, 1963.

허철구 외, 『단어와 어휘부』, 역락, 2014.

261

Bell, R. T., *Sociolinguistics*, New York, NY : St. Martin's press, 1976.

Bloomfield, L., *Language*, New York : Holt, Rinehert and Winston, 1933.

Fillmore, C. J., "The Case for Case", *Universals in Linguistic Theory*(ed. by Emmon W. Bach & Robert T. Harms), 1968.

Fillmore, C. J., "Some Problem for Case Grammar", *Monograph Series on Language and Linguistics* 24, 1971.

Gleason, H., *An Introduction to Descriptive Linguistics*, New York : Holt, Rinehert and Winston, 1955.

Ladefoged, P., *A Course in Phonetics*, New York : Harcourt, Brace & Jovanovich, 1975.(황귀룡 역, 『音聲學入門』, 翰信文化社, 1986.)

Leech, G., *Semantics*, Baltmore : Penguin Books, 1974.

Martin, S. E., *Korean Morphophonemics*, Baltimore, 1954.

Ogden, C. K. & Richards, I. A., *The Meaning of Meaning*, New York : Harcourt Brace Jovanovich, 1923.(金鳳柱 譯, 『意味의 意味』, 翰信文化社, 1986.)

Poppe, N., *Introduction to Altaic Linguistics*, Wiesbaden, Germany : Otto Harrassowitz, 1965.

Ramstedt, G, J., *A Korean Grammar*, Helsinki, 1939.

Sampson, G., *Writing Systems : A Linguistics Introduction*, Stanford University Press, 1985.

Searle, J., *Speech Acts*, Cambridge University Press, 1969.

Sloat, C·Taylor, S. H·Hoard, J. E., *Introduction to Phonology*, Oregon, 1978.(이현복·김기섭 공역, 『음운학개설』, 탐구당, 1983.)

Ullmann, S., *The Principles of Semantics*,(2nd edition), Glasgow Oxford, 1959.(南星祐 譯, 『意味論 의 原理』, 塔出版社, 1979.)

Ullmann, S., *Semantics : An Introduction to the Science of Meaning*, Oxford : Basil Blackwell & Mott Ltd, 1962.(南星祐 譯, 『意味論 : 意味科學入門』, 탑출판사, 1988.)

Underwood, H. G., *An Introduction to the Korean Spoken Language*, Yokohama : kelly & Walsh, Ltd, 1890.

웹사이트

http://www.korean.go.kr/hangeul/origin/001.html

http://science.ytn.co.kr/program/program_view.php?s_mcd=0082&s_hcd=&key=201407251540086078

http://www.yonhapnews.co.kr/bulletin/2017/12/16/0200000000AKR20171216029700005.HTML?input=1195m

https://clipbank.ebs.co.kr/clip/view?clipId=VOD_20120120_00252

https://clipbank.ebs.co.kr/clip/view?clipId=VOD_20120120_00257

http://urimal.cs.pusan.ac.kr/urimal_new/read/common/sisa/sisa.asp?ID=2699

저자 김진호(金鎭浩)

　　문학박사(국어학)
　　가천대(嘉泉大) 리버럴아츠칼리지 교수

　　[저서 및 연구논문]
　　『국어 특수조사의 통사·의미 연구』(역락, 2000)
　　『언어와 문화』(역락, 2001)
　　『한국문화 바로 알기』(공저, 국학자료원, 2002)
　　『우리말답게 번역하기』(공저, 역락, 2002)
　　『언어학의 이해』(역락, 2004)
　　『재미있는 한국어 이야기』(박이정, 2006)
　　『외국어로서의 한국어학 개론』(박이정, 2008)
　　『외국인을 위한 한국어문법-의미·기능편』Ⅰ(공저, 박이정, 2010)
　　『외국인을 위한 한국어문법-의미·기능편』Ⅱ(공저, 박이정, 2010)
　　『외국인을 위한 한국어문법-중국어 버전』(공저, 역락, 2010)
　　『한국어학의 이해』(공저, 역락, 2010)
　　『외국인을 위한 한국문화』(상)(공저, 역락, 2011)
　　『읽고 찾아가 보는 한국문화』(지식과교양, 2012)
　　『생활 속 글쓰기의 어문규범』(박이정, 2012)
　　『한국어 지식의 이해와 탐구』(박이정, 2014)
　　『언어생활과 화법』(역락, 2018) 외 다수의 논문

언어의 이해

초판 인쇄 2019년 8월 5일
초판 발행 2019년 8월 10일
지은이 김진호
펴낸이 이대현
편　집 권분옥
디자인 최선주
펴낸곳 도서출판 역락
　　　　서울시 서초구 동광로 46길 6-6(문창빌딩 2F)
　　　　전화 02-3409-2058(영업부), 3409-2060(편집부)
　　　　팩시밀리 02-3409-2059
　　　　이메일 youkrack@hanmail.net
　　　　홈페이지 www.youkrackbooks.com
　　　　등록 1999년 4월 19일 제303-2002-000014호
ISBN 979-11-6244-425-2 93710